Julia Heese

Storytelling im Business

Vermarkten anhand von Geschichten

Diplomica Verlag

Heese, Julia: Storytelling im Business. Vermarkten anhand von Geschichten, Hamburg, Diplomica Verlag 2020

Buch-ISBN: 978-3-96146-806-5
PDF-eBook-ISBN: 978-3-96146-306-0
Druck/Herstellung: Diplomica Verlag, Hamburg, 2020
Covermotiv: © pixabay.com

Bibliografische Information der Deutschen Nationalbibliothek:
Die Deutsche Nationalbibliothek verzeichnet diese Publikation in der Deutschen Nationalbibliografie; detaillierte bibliografische Daten sind im Internet über http://dnb.d-nb.de abrufbar.

© Diplomica Verlag, Imprint der Bedey Media GmbH
Hermannstal 119k, 22119 Hamburg
http://www.diplomica-verlag.de, Hamburg 2020
Printed in Germany

Inhaltsverzeichnis

Abbildungsverzeichnis

Abkürzungsverzeichnis

Abbildungsverzeichnis

Abkürzungsverzeichnis

akt.	aktualisiert
Anm.	Anmerkung
Anl.	Anlehnung
Aufl.	Auflage
Ausg.	Ausgabe
B2B	Business-to-Business (Geschäftsbeziehungen zwischen zwei oder mehreren Unternehmen)
BBDO	Werbe- und Marketingagentur mit Hauptsitz in New York (Name der Firma nach den Gründern: Batten, Barton, Durstine & Osborn)
Bd./Bde.	Band/Bände
C2C	Consumer-to-Consumer (oft elektronische/r, Geschäftsbeziehung bzw. Kontakt zwischen privaten Endkunden)
CEO	Chief Executive Officer (Geschäftsführer)
CRM	Customer-Relationship-Management
CSR	Corporate Social Responsibility
ebd.	ebenda
erw.	erweitert
et al.	et alii
etc.	et cetera
f./ff.	folgende/fortfolgende
GfK	Gesellschaft für Konsum-, Markt- und Absatzforschung e.V.
i.d.R.	in der Regel
Hrsg.	Herausgeber
Nr.	Nummer
o.J.	ohne Jahr
o.S.	ohne Seitenangabe
o.V.	ohne Verfasserangabe
S.	Seite
u.a.	und andere, unter anderem
USP	Unique Selling Point/Position
USA	United States of America
überarb.	überarbeitet
vgl.	vergleiche
VZBV	Verbraucherschutz Bundesverband
z.B.	zum Beispiel
zit. n.	zitiert nach

1. Einleitung

"Wer seine Geschichte nicht erzählen kann, existiert nicht."
(Salman Rushdie, indisch-britischer Schriftsteller)

Verschiedene Faktoren wie gesättigte Märkte, Angebotsvielfalt und Medienkonvergenz stellen Unternehmen in ihrem Vorhaben, ihre Bekanntheit zu vergrößern, Neukunden zu gewinnen und eine langfristige Kundenbindung zu generieren vor besondere Herausforderungen. Zudem wird der Konsument tagtäglich mit nicht weniger als 10.000 Werbebotschaften konfrontiert. Als Folge aus der daraus resultierenden Reiz- und Informationsüberlastung setzt er *Adblocker* und Desinteresse entgegen (vgl. Hilzensauer 2014, S. 87). Verstärkt müssen Aufmerksamkeit, Erinnerung und Kaufbereitschaft des Konsumenten aktiviert und Verbraucherbedürfnisse gezielt gestillt werden. Wer als Unternehmen oder Marke wahrgenommen werden möchte, muss Inhalte kommunizieren, mit denen sich der Konsument freiwillig beschäftigt, identifiziert und die er aufregend findet. Trotz steigender Wettbewerbskomplexität müssen Unternehmen für die genannten Ziele keine neuen und innovativen Kommunikationsmethoden entwickeln, sondern können auf etwas zurückgreifen, was so alt ist wie die Menschheit selbst: das Geschichtenerzählen.

Statt objektive Produkt- und Leistungseigenschaften der Prüfung unterziehen zu müssen, möchte der Konsument von heute emotional betroffen sein, unterhalten und überrascht werden – er möchte rund um das Produkt ein Erlebnis erfahren. Überzeugung wird dabei nicht durch reine Informationen, sondern durch Sympathie gewonnen. Für das Bewerben eines simplen Spülmittels wird z.B. nicht etwa eine extravagante Reinigungskraft oder ein Ultra-Glanz-Finish gezeigt, sondern ein Duell zweier spanischer Städte: Villariba gegen Villabacho. Hier werden also statt persuasiver Argumente Geschichten erzählt – „vom spanischen Lebensgefühl, Gemeinschaft, Essen, Fairy Ultra und dem Stolz, sein Geschirr am schnellsten und saubersten zu reinigen." (Herbst & Musiolik 2015, S. 5). Je näher die Geschichten an realen Erlebnissen liegen, desto mehr Authentizität strahlen sie aus und der Inhalt kann auf direktem Wege persönlich nachvollzogen werden. Was beworben wird, ist die Geschichte selbst, die das Produkt auf subtile Art und Weise mit Bedeutung und Image auflädt (vgl. Herbst 2014, S. 11 ff.).

Wirtschaftsprozesse waren lange Zeit und sind bis heute durch argumentatives, fachliches und gewinnmaximierendes ökonomisches Denken gekennzeichnet. Doch das Erzählen von Geschichten rund um ein Unternehmen, ein Produkt oder einen Konsumentennutzen, das sogenannte Storytelling, bietet „einen anderen, an menschlichen Erfahrungen und Empfindungen orientierten Zugang" (Thier 2005, S. 2) und sei darum, in den obersten Etagen vieler Unternehmen ein „Zaubermittel." (ebd.). Es wird nicht nur im Rahmen der Marketingkommunikation für klassische Werbezwecke immer relevanter, sondern kann weitergehend für ein langfristiges Markenbranding und den Aufbau einer Brand Community[1] (Markengemeinschaft) fruchtbar gemacht werden. Storytelling kann das Erscheinungsbild und die Einstellung eines Unternehmens veranschaulichen und dauerhaft beim Werbeempfänger oder Kunden prägen. Dies ist entscheidend für Konsumenten, die in Zeiten starker gesellschaftlicher, technologischer und ökonomischer Veränderungen ihre Kaufentscheidungen nicht nach Argumenten, sondern nach Werten, Vertrauenswürdigkeit und Lifestyle richten.

In den letzten Jahren ist das Thema Storytelling zu einem bestimmenden Trend in der Marketingkommunikation[2] avanciert, sodass Frenzel von der „Wiederkehr des narrativen Denkens" (Frenzel et. al. 2006, S. 15) spricht. Geschichten sind Bestandteil unserer alltäglichen Kommunikation, entspringen dem Leben selbst und seien deswegen auch so machtvoll im Rahmen von PR-Maßnahmen und Markenführung. Als persuasives Instrument vermag Storytelling Freude, Trauer, Überraschung, Ängste und Hoffnung in uns auszulösen und unsere moralische Logik und unser Verhalten zu verändern (vgl. Gottschall 2012, S. 148). Durch das Erzählen von Geschichten drücken wir unsere Identität sowie unsere Beziehung zur Welt und zu anderen aus. Im Umkehrschluss repräsentiert dieses Erzählen unserer persönlichen Erlebnisse und Erfahrungen, die auf der ganzen Welt verstanden und weitererzählt werden, auf spezifische Art unsere kulturelle Identität ab. Denn Geschichten sind mehr als die Summe an Fakten, die sie übermitteln, sodass ebenso im alltäglichen Sprachgebrauch von einer „Moral der Geschichte" die Rede ist. Sie sind Bedeutungsträger, machen Zusammenhänge sichtbar und bringen Ordnung und Orientierung in die Fülle an Wahrnehmungen (vgl. Frenzel et. al. 2004, S. 6f.).

In der Wissenschaft wurde das Thema Storytelling in den letzten Jahren von verschiedenen Blickwinkeln aus untersucht. Bei manchen Forschungen steht die Frage im Vordergrund, wie Geschichten rund um das Unternehmen oder die Marke in der Lage sind, die Einstellungen und Haltungen von Zuhörern zu verändern (Chen 2015; Simanjuntak et. al. 2016). Andere Untersuchungen widmen sich dem Einfluss von Geschichten auf die Aktivierung und Verän-

---

[1] „Die Verbundenheit zur Marke, gemeinsame Rituale und Traditionen sowie die soziale Verantwortung gegenüber anderen Markenbegeisterten stellen die konstituierenden Merkmale von Markengemeinschaften, sogenannten Brand Communitys, dar." (Muniz/O'Guinn 2001, S. 413). Beispiel: Harley-Davidson Owners Group.
[2] Des Weiteren findet Storytelling vor allem im Wissensmanagement, in der Unternehmensberatung (Consulting), in der Unternehmenskultur und Organisationsentwicklung sowie in Change-Prozessen seine Anwendung. Die alternativen Anwendungsbereiche werden in der vorliegenden Arbeit aufgrund der Schwerpunktsetzung auf die Marketingkommunikation nur am Rande Beachtung finden.

derung der emotionalen Konsumenten-Marke-Beziehung (Elliott & Yannopoulou 2007; de Barnier 2015). Weitere Autoren beschäftigen sich mit der Frage, welche Rolle das Medium bei der Rezeption und Wirkung von Geschichten spielt (Choi & Shin 2014; Zheng 2014; Zhao et. al. 2014; Myers et. Al. 2014). Vereinzelt wird bei einigen Studien die Geschichte als phänomenologischer Ausdruck der Unternehmensstrategie angesehen (Küpers et. al. 2013). Arnoldy wiederum behandelt die subjektiven Bewertungskriterien einer Geschichte (Arnoldy 2016). Viele Studien gehen von der Grundannahme aus, dass anschaulich erzählte Geschichten es erleichtern, Fakten und Informationen aufzunehmen und zu speichern, weil sie Emotionen und Vorstellungsbilder beim Rezipienten hervorrufen (vgl. Frenzel 2008, S. 173).

Ausgehend von der Annahme des besseren Verständnisses durch Geschichten, widmet sich das vorliegende Buch der Fragestellung, inwiefern Storytelling in der Marketingkommunikation den Anspruch erheben kann, sich von klassischen Werbemaßnahmen zu unterscheiden und eine Lösung für die Verdrossenheit der Konsumenten gegenüber Produkte anpreisende Werbesprüche zu bieten.

Kapitel 2 befasst sich mit der Erarbeitung der für die Fragestellung relevanten theoretischen Grundlagen. In einem ersten Schritt werden die Aufgaben und Ziele der Marketingkommunikation erläutert (Kapitel 2.1). Unter der historischen Entwicklung der Marke und deren Funktionen seit Beginn des 20. Jahrhunderts wird aufgezeigt, dass sich die Aufgabenfelder des Markenmanagements grundlegend erweitert haben. Nach der Erläuterung des *identitätsorientierten Markenführungsansatzes*, der die Marke als Konstrukt einer wechselseitigen Beziehung zwischen Selbst- und Fremdbild betrachtet (Kapitel 2.2.1), werden einige Markenmodelle vorgestellt, die diese Vorstellungsbilder versuchen, zu erfassen und zu interpretieren (Kapitel 2.2.2).

Wie sich zeigen wird, ist aufgrund des Paradigmenwechsels von einem passiv- hin zu einem vermehrt aktiv-konsumierenden Werbempfänger diese Sichtweise auf die Marke aus mehreren Gründen präferenzbildend für das Markenbranding (Kapitel 2.3). Anhand der veränderten Rolle des Konsumenten in Verbindung mit kommunikativen, wirtschaftlichen, technischen und sozialen Veränderungen sollen anschließend Herausforderungen der heutigen Marketingkommunikation abgeleitet werden (Kapitel 2.4).

Darauffolgend wird in Kapitel 3 das Vermarktungspotenzial des Storytellings herausgearbeitet. Zu Anfang soll die Frage beantwortet werden, woher der Trend des Geschichtenerzählens im Marketing kommt und für welche Bereiche er in diesem Kontext von Relevanz ist (Kapitel 3.1). Sodann wird herauskristallisiert, wie dieser Werbestil im Zusammenhang steht mit anderen Konstrukten der Werbesprache, wie Werbesprüche und Slogans (Kapitel 3.2). Da Storytelling und der Begriff der Story im Allgemeinen weiten Gebrauch gefunden hat, soll anhand von formalen Merkmalen abgegrenzt werden, was diese Marketingstrategie ist und was sie nicht ist (Kapitel 3.3).

Sodann wird aufgezeigt, weshalb Geschichten auf den Zuschauer Einfluss haben (Kapitel 3.4) und mithilfe welcher Strategien es Unternehmen gelingen kann, durch Narration Kaufreize auszulösen und besondere Konsumerlebnisse rund um die Marke zu schaffen (Kapitel 3.5). Welche medialen Darstellungsmöglichkeiten den Unternehmen dabei zur Verfügung steht (Kapitel 3.6) und was unter viralem Marketing zu verstehen ist (Kapitel 3.7) bildet den Abschluss dieses Kapitels.

In Kapitel 4 werden anhand von Praxisbeispielen deutscher wie internationaler Unternehmen die bisherigen Ausführungen veranschaulicht. In der heutigen Medienlandschaft wird Storytelling hauptsächlich im B2C-Bereich eingesetzt, doch auch im faktenüberwiegenden B2B-Bereich bietet das Geschichtenerzählen für verschiedene Bereiche rund um das Unternehmen enormes Potential, auf das somit ebenfalls – wenn auch nur kurzgefasst – eingegangen wird (Kapitel 4.1).

Die aus dem B2C-Bereich herangezogenen Beispiele sollen sodann ein breites Spektrum von Storytelling-Kampagnen aufzeigen, denn die Einsatzmöglichkeiten dieses Werbestils in der Marketingkommunikation sind vielfältig: im Mittelpunkt können der USP (Kapitel 4.2), eine einzige besondere Botschaft (Kapitel 4.3), ganze Themengebiete (Kapitel 4.4) oder die Konzeption eines Mythos (Kapitel 4.5) stehen. Das Geschichtenerzählen eignet sich darüber hinaus als Mittel zur Kundenbindung und findet in Kundenzeitschriften vermehrte Anwendung (Kapitel 4.6). Ebenso kann mit Storytelling eine Strategie der gezielten Emotionsaktivierung verfolgt werden (Kapitel 4.7). Es lässt sich aber auch in Krisensituationen nutzen, um neue Anreize für Verbraucheranwendungen oder Imageverbesserung zu erreichen (Kapitel 4.8).

Die vorliegende Lektüre endet mit einem Fazit und Ausblick (Kapitel 5). Zum einen wird zusammenfassend aufgeführt, welche Vorteile durch das Geschichtenerzählen gegenüber klassischer Produktwerbung festzustellen sind. Zum anderen wird diskutiert, von welchem Stellenwert des Storytellings zukünftig in der Marketingkommunikation ausgegangen werden kann.

2. Bedingungen der Marketingkommunikation

2.1 Aufgaben und Ziele der Marketingkommunikation

Kommunikationsprozesse, die sich an Märkte und Konsumentenverhalten richten, sind nicht isoliert auf die Aktivitäten des Managements des Unternehmens zurückzuführen (Abbildung 1). Interagierende Organisationen und Institutionen sowie das Agieren der beteiligten Marktakteure spielen eine entscheidende Rolle. Sie beeinflussen die Prozesse und eröffnen dadurch neue Optionen (vgl. Aaker et. al. 1992, S. 1 ff.). Die Marketingziele des Unternehmens bleiben jedoch als wichtigste Bezugsgröße stets im Fokus, wobei Unternehmensphilosophie und -politik den Rahmen definieren, „innerhalb dessen sich das Kommunikations-Management bewegen kann." (Fuchs & Unger 2014, S. 55).

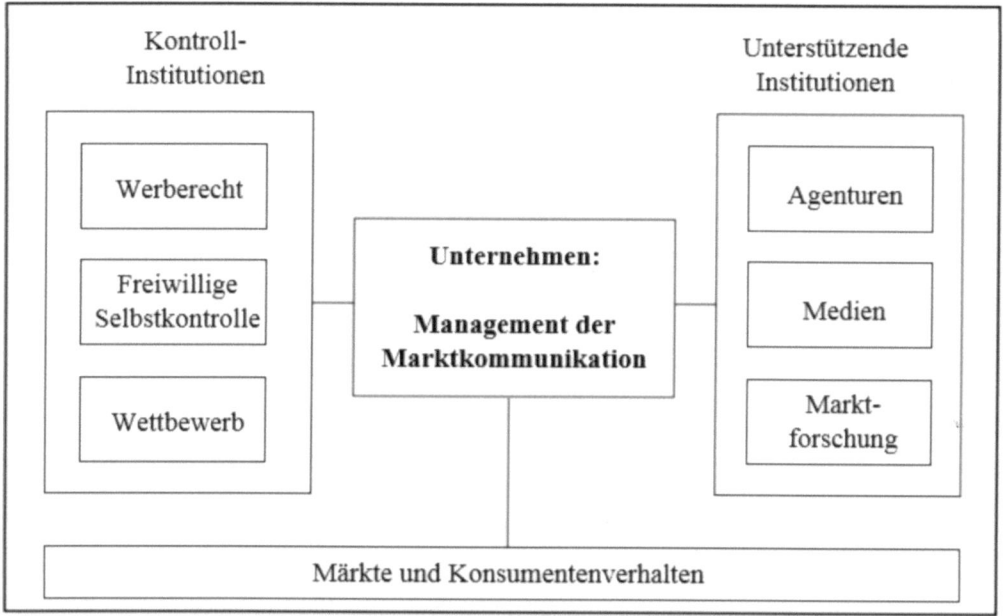

Abbildung 1: Wichtige Institutionen im Feld der Marktkommunikation, Quelle: Fuchs & Unger 2014, S. 54; in Anl. an Aaker et. al. 1992, S. 2.

Da die Ziele eines Unternehmens von der Erfüllung der Kundenwünsche abhängig sind, kann Marketing als „Konzeption marktorientierter Unternehmensführung" (ebd., S. 43) definiert werden. Die Aktivitäten des am Absatz orientierten Marketings können vereinfacht in vier Aufgabenfelder unterteilt werden, die sogenannten vier „P"-s: Produktpolitik, Preispolitik (Kontrahierung), Vertriebspolitik (Distribution) und Kommunikationspolitik[3]. Folgende vier Aufgaben der Marketingkommunikation sind damit verbunden: Bedürfnisse und Wünsche

---

3 Im Dienstleistungsmarketing kommen noch weitere Instrumentalbereiche hinzu, sodass man von sogenannten 7 „P"-s spricht: Hinzu kommen Personalpolitik (Personnel), Prozesspolitik (Process Management und Ausstattungspolitik (Physical Facilities) (Meffert & Bruhn 2009, S. 243).

beeinflussen und aktivieren, Nachfrage erzeugen und intensivieren, Kundenbindung und -loyalität aufbauen und pflegen sowie Imageaufbau und -pflege (vgl. ebd., S. 53).

Geht es darum, dass latente Bedürfnisse, Wünsche und Motive beim Konsumenten erst geweckt werden müssen, sind kommunikative Aktivitäten von grundlegender Bedeutung. Bei der Einführung einer Innovation in den Markt, von der Zielpersonen erst überzeugt werden müssen, kann z.B. der Marktführer herangezogen werden, um durch die Aufzeigung zur Problemlösung der Innovation, „generische Kommunikation für dieses neue Angebot" (ebd.) zu leisten. In Kapitel 3.3.1 wird dies anhand des Beispiels einer Produkteinführung von Elon Musk veranschaulicht. Dieses Beispiel zeigt, dass das „Bedürfnis der Elektromobilität" aufgrund verschiedener Gründe – noch unbekannte Innovation, fehlende Infrastruktur zum Aufladen oder noch nicht hinreichend entwickelte Technologie bezüglich der Akkulaufzeit, bzw. Reichweite – erst geweckt werden muss.

Falls Bedürfnisse nach dem Angebot bereits existieren, lässt sich durch kommunikative Aktivitäten die Nachfrage erhöhen, um „den Verbrauch bei den Zielpersonen zu intensivieren oder die Nachfrage vom Wettbewerb auf das eigene Angebot abzuziehen." (ebd.). In diesem Kontext ist zu beachten, dass in den letzten Jahren die Relevanz der Beziehungspflege (CRM) zunehmend gestiegen ist, sodass Wehrli und Wirtz von einem Paradigmenwechsel im Marketing sprechen (vgl. Wehrli & Wirtz 1996, S. 26).

Aufgrund von gesättigten Märkten mit differenzierten Kundenwünschen werden vermehrt Kundenbindungsprogramme (z.B. Kundenzeitschriften, Kundenkarten, Kundenklubs) in den Mittelpunkt kommunikativer Aktivitäten gestellt, „um aus attraktiven Erstkäufern Wiederholungskäufer und Empfehlungskäufer zu machen" (Fuchs & Unger 2014, S. 53). Das crossmediale Kundenmagazin der Allianz zeigt z.B., wie Themen spannend aufbereitet werden können, die über die angebotenen Versicherungsprodukte deutlich hinausgehen, sodass Kunden eine zusätzliche Verbindung zum Unternehmen aufbauen (Kapitel 4.7). Auch adäquate After Sales-Kommunikation kann zur Kundenbindung herangezogen werden. In Kapitel 4.3 wird gezeigt, wie Hornbach eine gelungene Werbekampagne mit Verknappungsmarketing und einem zweiten Verkauf ein enormes Interesse bei Käufern von Raritäten und Sammlerstücken verursacht und somit alle Phasen – vor, während und nach dem Kauf – miteinbezieht.

Da ausschlaggebende Gründe für Kaufentscheidungen nicht nur von offensichtlichen Produktvorteilen und Preisen abhängig sind, sondern vermehrt auch vom Image des Unternehmens abhängen, stellt Aufbau und Pflege des Images ein weiteres wichtiges Aufgabenfeld für die Marketingkommunikation dar (vgl. ebd.). Obwohl im B2B-Bereich Kaufentscheidungen in höherem Maße anhand rationaler Argumente im Unternehmen gerechtfertigt werden müssen, spielt das Image eines Unternehmens nicht nur im B2C-Bereich eine große Rolle. Wie Sammer in einem Interview sagte, würde genau hier enormes Potential liegen. Denn oft gelte, dass die Öffentlichkeit wenig über Arbeitsweisen der Mitarbeiter oder die Produkte im Allgemeinen wisse. Es können somit Geschichten erzählt werden über die die Öffentlichkeit noch nicht viel weiß. Auch bei den auf den ersten Blick vermeintlich trockenen Themen, wie im Falle der Fahrstühle von Thyssenkrupp liegt großes Potential, Produkten mehr Attraktivität zu verleihen, denn die Aufwertung von Themen, die werblich noch nicht im Fokus des Interesses standen, sorgen für Aufmerksamkeit (Kapitel 4.1).

Die Marketingkommunikation muss sich somit die Frage stellen, anhand welcher Instrumente (inklusive der Frage nach der Intensität ihrer Einsätze) die definierten Marketingziele best- und schnellstmöglich erreicht werden. Dabei gibt es mehrere Faktoren, die die Entscheidungsprozesse erschweren können: Es gibt erstens eine Vielzahl von Kombinationen der einzelnen Kommunikationsinstrumente und zweitens können diese Instrumente wiederum in verschiedenen Beziehungen zueinanderstehen: „von vollkommen substituierbar bis hin zu vollkommen komplementär." (ebd., S. 45).

Um die Zielgruppe erfolgreich zu erreichen, stehen dem Unternehmen eine „Palette an Optionen" klassischer Instrumente sowie verstärkt hinzugekommene „neue und interessante Instrumente [...], die in manchen Unternehmen eine wichtige Rolle im Kommunikations-Mix einnehmen." (ebd., S. 50). Dies betrifft z.B. Sponsoring, Direkt-Marketing-Aktivitäten sowie Product-Placement. Darüber hinaus sind durch die „verschiedenen Anwendungsformen der Multimediakommunikation (Off- und Online-Medien) weitere Möglichkeiten der Zielgruppenansprache" (ebd.) gegeben. Abbildung 2 illustriert, wie Konsumenten über diverse Kanäle angesprochen werden können. In Anbetracht dessen lässt sich schlussfolgern, dass „ein abgestimmtes, vernetztes Vorgehen" (ebd.) benötigt wird, „um synergetische Wirkungen zu erreichen und um ein Höchstmaß an Effizienz zu realisieren." (ebd.).

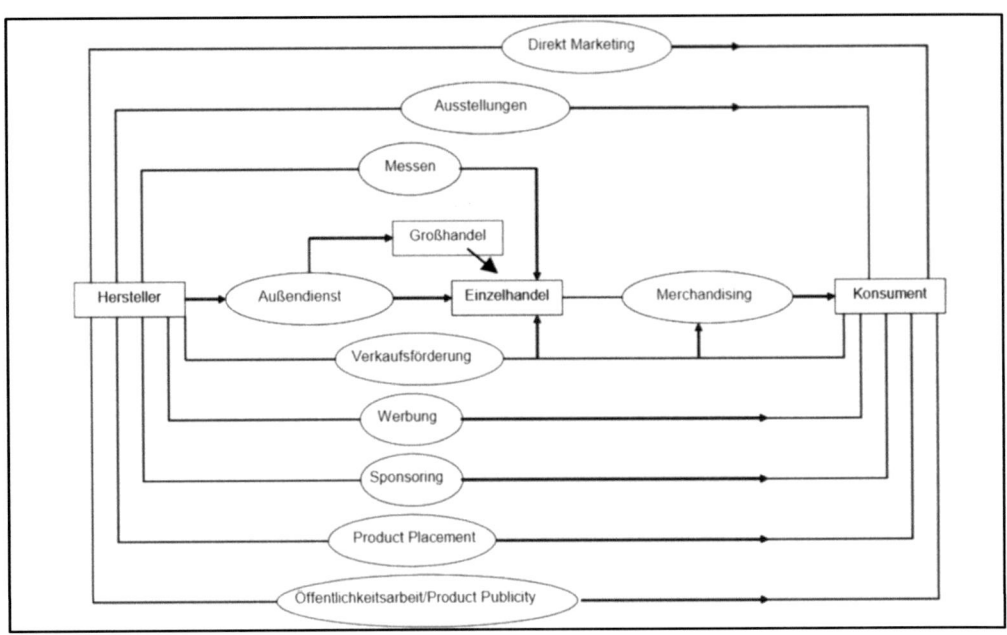

Abbildung 2: Wesentliche potentielle Kommunikationskanäle der Marktkommunikation, Quelle: Fuchs & Unger 2014, S. 50.

2.2 Kommunikative Markenführung

Die Marketingkommunikation nimmt mit dem Ziel, „Marken in den Köpfen und Herzen der Zielpersonen zu verankern" (Thewißen et. al. 2015, S. 265), einen zentralen Stellenwert bei der Markenführung ein. So werden nicht nur wirksame Beziehungen zwischen Marken und Konsumenten geschaffen, sondern den Angeboten selbst eine starke und einzigartige Persönlichkeit gegeben. Die Marketingkommunikation fungiert sozusagen als die „Stimme der Marke" (Fuchs & Unger 2014, S. 34), sodass Investitionen in die Marketingkommunikation ebenso Investitionen in eine Marke bedeuten.

In Unternehmen, sowohl im B2C- als auch im B2B-Bereich, betrachten über 80% der Führungskräfte die sogenannte Relevanz der Marke[4] und Markenlizenzen als entscheidende Faktoren im Wettbewerb um Kunden (vgl. ebd.). Dabei ist zu beachten, dass nicht nur augenscheinliche z.B. im Einzelhandel oder Internet erwerbliche Waren zur Marke werden können, sondern auch Dienstleistungen, Strom, Aktien, Romanfiguren oder virtuelle Marktplätze (vgl. Baumgarth 2008; Esch 2000). In Deutschland stellen nach einer Studie von Young & Rubicam aus dem Jahre 2006 Aldi, Ikea und Nivea, aber auch viele Internet-Marken (z.B. Ebay, Google), die stärksten Marken dar (vgl. Fuchs & Unger 2014, S. 34). Es stehen folgende Anforderungen an die Maßnahmen einer kommunikativen Markenführung im Mittelpunkt (vgl. ebd. S. 42ff.):

---

[4] Die Relevanz der Marke kann unterschiedlich gemessen werden. So liegt z.B. der bilanzielle Wert von Coca-Cola schätzungsweise zwischen 48 und 83 Mrd. US-Dollar – je nach Berechnungsmodus. Damit repräsentiert er etwa 50% des gesamten Unternehmenswertes (vgl. Meffert et. al. 2002, S. 5).

1. Marken werden zu starken Marken, wenn die Definition und Etablierung einer eindeutigen, attraktiven und differenzierenden Marktpositionierung[5] des Markenkerns gelingt. Nur so wird für die Zielpersonen eine klare und relevante Positionierung erreicht. Schwachen Marken fehlt es im Umkehrschluss an entsprechender Individualität.

2. Eine Marke muss Kontinuität in der Markenführung und der damit einhergehenden Kommunikation aufweisen. Gleichzeitig muss sie jedoch auch über variable Merkmale verfügen. Gründe dafür können zum einen das Bedürfnis der Zielpersonen nach Abwechslung oder zum anderen gesellschaftliche, technologische oder soziale Veränderungen sein, welche Einfluss auf das Konsumentenverhalten ausüben. Somit erfordert Markenführung einen „Balanceakt zwischen kontinuierlicher Markenführung und Anpassung an sich verändernde Umfeldbedingungen" (ebd., S. 42). Die Marke muss somit stets durch Kommunikationsmaßnahmen aktualisiert werden. Diese Anpassung kann sich sowohl auf das Logo, auf Slogans, die Positionierung und andere Außendarstellungen auswirken, die im Wandel der Zeit z.B. an Modernität verlieren können. Ursachen für eine fehlende Kontinuität können häufige Wechsel der Markenmanager oder Kommunikationsagenturen sein.

3. Eine weitere wichtige Anforderung betrifft die Integration aller Kommunikationsinstrumente zu einem in sich konsistenten Markenbild, das alle Äußerungsformen der Marke integriert. Wenn nicht – übereinstimmend mit der definierten Marktpositionierung – alle Instrumente zu einem widerspruchsfreien Marketing-Mix zusammengeführt werden, übermittelt die Marke ein diffuses Gesamtbild, wo Kommunikation, Preis und Vertriebskanal nicht aufeinander abgestimmt sind.

4. Oberstes Ziel ist es, eine glaubwürdige Markenpräsenz zu schaffen, um damit Vertrauen, Orientierung und Identifikation bei den Zielpersonen zu etablieren, sodass äußere Faktoren, wie Feedback durch die Kunden berücksichtigt werden muss. So kann vermieden werden, dass die Kommunikation nicht zu dem gefühlten und empfundenen Markenbild der Zielpersonen passt.

5. Neben den Zielgruppen nehmen auch die Mitarbeiter des Unternehmens eine entscheidende Rolle in der Marketingkommunikation ein. Nach dem Motto: „Branding begins at home" stellen sie in besonderem Maße geeignete Markenbotschafter dar. Dafür wird eine entsprechende interne Markenkommunikation benötigt, um die Identifizierung der Mitarbeiter mit der Marke zu erreichen, damit diese „motiviert sind, sich entsprechend den Markenwerten zu verhalten und diese auch aktiv zu kommunizieren." (ebd.).

---

[5] Markenpositionierung: „Markenpositionierung ist die Planung, Umsetzung, Kontrolle und Weiterentwicklung einer an den Idealvorstellungen der Nachfrager ausgerichteten, vom Wettbewerb differenzierten und von der eigenen Ressourcen- und Kompetenzausstattung darstellbaren, markenidentitätskonformen Position im Wahrnehmungsraum relevanter Zielgruppen". (Burmann & Markgraf 2018, o.S.).

2.2.1 Markenbildung im Wandel

Was eine Marke ausmacht, hat sich im Laufe der Zeit immer wieder verändert und variiert je nach Blickwinkel des Betrachters (vgl. Gnann 2008, S. 18). Eine klassische Definition ist juristischer Abstammung und versteht unter dem geschützten Rechtsgut der Marke (gewerbliches Schutzrecht) ihr physisches Kennzeichen als Markenartikel (vgl. Fuchs & Unger 2014, S. 36). Dabei wird sich lediglich auf ikonographischer Ebene auf den Namen und bestimmte Erscheinungsformen der Marke bezogen, Funktionen und Werte von Marken bleiben jedoch – anders als bei technischen Patenten – außen vor (Köster 2006, S. 16).

Die ersten konzeptionellen Ansätze zur Markenführung etablierten sich mit Beginn des 20. Jahrhunderts. Im Zuge der an Bedeutung gewinnenden Marken und Markenartikel in der modernen Industriegesellschaft erhielten Marken fortan eine qualitative Konnotation. Abbildung 3 veranschaulicht die historische Entwicklung des Markenverständnisses in fünf Phasen und zeigt auf, dass sich damit einhergehend ebenso die Aufgabenbereiche der Markenführung im Laufe der Zeit maßgeblich erweitert haben.

	Mitte 19. Jhd. bis Anfang 20. Jhd.	Anfang 20. Jhd. bis Mitte 60er	Mitte 60er bis Mitte 70er	Mitte 70er bis Ende 80er	90er Jahre
Aufgabenumwelt	– Industrialisierung und Massenproduktion – Qualitätsschwankungen – Anonyme Ware (Stapelware) vorherrschend	– Wirtschaftliches Wachstum, „Nachfragesog" – Zahlreiche technische Innovationen – Verkäufermärkte	– Rezession / 1. Ölkrise – Aufhebung der Preisbindung (1967) – Käufermärkte	– Gesättigte Märkte – Hohe Imitationsgeschwindigkeit – „Information Overload" – Qualität als K. O.-Krit.	– Informationsgesellschaft, Markenführung im Internet – Positionierungsenge – Verantwortungsverlagerung von Einzel- zu (Unternehmens-) Dachmarken
Handel-Hersteller-Beziehungen	– Persönliche Kundenbeziehungen der Hersteller und des Handels – Starke Stellung des Handels	– Handlangerfunktion des Handels – Meinungsmonopol der Herstellermarken – Produktivitätssprünge im Handel – Starke Ausbreitung klassischer Herstellermarken	– Einführung von Handelsmarken – „Popularisierung des Marketing" – Marken-Know-how Asymmetrie zugunsten des Herstellers	– Wachsende Handelsmacht und Konfliktverschärfung – Einführung von Gattungsmarken Steigendes Marken-Know-how des Handels	– „Informationsmonopol" des Handels – Intensivierung des Direktkanals Hersteller - Kunden – Marketingführerschaft des Handels in vielen Bereichen – Handelsmarken verdrängen Herstellermarken
Markenverständnis	– Marke als Eigentumszeichen und Herkunftsnachweis	– Warenfokus – Marke als Merkmalskatalog	– Produktions- und Vertriebsmethode – Vermarktungsform	– Nachfragergewinnung – Subjektive Markenbestimmung	– Nutzenbündel mit nachhaltiger Differenzierung – Markenidentität als Selbstbild der Marke – Markenimage als Fremdbild der Marke
„Modernes" Markenmanagement		– Instrumenteller Ansatz „Markentechnik"	– Funktionsorientierter Ansatz	– Verhaltens- und imageorientierter Ansatz – Technokratisch, strategieorientierter Ansatz	– Integriertes identitätsbasiertes Markenmanagement – Fraktales Markenmanagement

Abbildung 3: Entwicklungsphasen des Markenverständnisses und der Markenführungsansätze, Quelle: Burmann et. al. 2012, S. 21.

Phase 1: noch keine bewusste Markenführung

In der ersten Phase vom 19. bis Anfang des 20. Jahrhunderts beschränkt sich das Markenverständnis auf das Eigentumszeichen und den Herkunftsnachweis und eine bewusste Markenführung war noch nicht zu verzeichnen.

Phase 2: instrumenteller Ansatz

Der erste Ansatz der Markenführung kristallisierte sich mit der fortschreitenden Industrialisierung und Massenproduktion im 20. Jahrhundert bis Mitte der 60er heraus. Denn die gesamtwirtschaftlichen und gesellschaftlichen Veränderungen samt der einhergehenden Verschärfung der Markt- und Umweltbedingungen spiegelten sich ebenso in der Auffassung von Marken wider (vgl. Meffert & Burmann 2002a, S. 20). Ebenso interessierte man sich in Wissenschaft und Praxis für Markenführungskonzepte.

Im Vordergrund stand in dieser Phase eine Markentechnik, die überwiegend die Planung von Markierung und Verpackungsgestaltung umfasste. Das Markenverständnis gründet in der Annahme, dass nur Konsumgüter, die bestimmte Merkmale erfüllten, als Marke definiert werden. Der Aufgabenbereich der Markenführung beschränkte sich darauf, einem Produkt diese Merkmale zu verleihen. Dieser instrumentelle Merkmalskatalog findet sich u.a. in den „22 Grundgesetzen der natürlichen Markenbildung" (Domizlaff 1994, S. 690) wieder.

Phase 3: funktionsorientierter Ansatz

Anfang der 60er Jahre etablierte sich ein zweiter Ansatz aufgrund von sowohl stagnierenden Entwicklungen der wirtschaften Lage als auch wegen des Wechsels vom Verkäufer- zum Käufermarkt heraus. Auf Grundlage der schwindenden Absätze konzentrierte man sich auf eine angebotsbezogene Markenausrichtung und verfolgte einen funktionsorientierten Ansatz. Überlegungen zur Vermarktung wie Produktions- und Vertriebsmethoden führten dazu, dass im Gegensatz zum instrumentellen Ansatz deutlich größerer Aufwand betrieben werden musste, um sich dauerhaft am Markt durchzusetzen. Nicht länger ein Bündel bloßer Merkmale, nahm das neue Markenverständnis Einfluss auf die Ausgestaltung aller betrieblichen Funktionen (vgl. Meffert & Burmann 2002a, S. 22).

Phase 4: Verhaltens- und imageorientierter Ansatz

Mitte der 70er Jahre etablierte sich mit der Verschärfung der gesamtwirtschaftlichen Lage (erste Ölkrise 1973) ein dritter Ansatz. Die weitgehende Sättigung der Märkte, die schnelle Imitationsmöglichkeit technischer Innovationen und der rapide Markenzuwachs hatte eine Informationsüberlastung beim Konsumenten zur Folge. Unterschiede in der Qualität oder Innovationsleistung waren kaum noch erkennbar (vgl. ebd., S. 24).

Somit orientierte man sich mehr und mehr an den Konsumenten und daran, wie die Marke auf sie wirkte, was sich ebenfalls empirisch messen ließ. Im Rahmen einer Studie des Marketing Centrum Münster konnte z.B. festgestellt werden, dass im B2C-Bereich die Funktionen Informationseffizienz und idealer Nutzen eine große Rolle spielen, während die Funktion Risikoreduktion im B2B-Bereich von Relevanz ist (vgl. Baumgarth 2008, S. 24). Abbildung 4 zeigt weitere mögliche Funktionen einer Marke aus unterschiedlichen Blickwinkeln auf.

Hersteller	Handel	Endverbraucher
- Präferenzbildung - Differenzierung vom Wettbewerb - Preispolitischer Spielraum - Kundenbindung - Plattform für neue Produkte - Segmentspezifische Marktbearbeitung - Schutz vor Handelsmarken, leichtere Akzeptanz beim Handel	- Erhöhte Verbraucherakzeptanz - Höheres Gewinnpotential durch bessere Handelsspannen - Vorverkauf durch Hersteller - höheres Umsatzpotential durch Bekanntheit und Image der Produkte - Positive Ausstrahlung auf das Image des Handels	- Orientierungshilfe - Entlastungsfunktion - Qualitätssicherungsfunktion - Identifikationsfunktion - Prestigefunktion - Vertrauensfunktion

Abbildung 4: Funktionen einer Marke, Quelle: Baumgarth 2008, S. 23.

Bei sogenannten *Corporate Brands* (Unternehmensmarken) kommen noch weitere Funktionen hinzu: 1. Arbeitswelt: Attraktivität als Arbeitgeber, Motivation für Mitarbeiter, 2. Medienwelt: Akzeptanz und Glaubwürdigkeit der Unternehmensaussagen und 3. Finanzwelt: Steigerung des Unternehmenswertes (vgl. Fuchs & Unger 2014, S. 36), des sogenannten *Enterprise Value*, der oft mit dem Börsenwert (Anzahl der Aktien multipliziert mit dem Aktienkurs) gleichgesetzt wird.

Aus dieser wirkungsbezogenen Herangehensweise resultierte ein verhaltens- bzw. imageorientierter Ansatz. Der Fokus lag darauf, das Markenimage zielgerichtet zu kreieren. Der imageorientierte Ansatz befasst sich stark mit der Wirkungsebene einer Marke. So wird in dieser Strömung die Marke nicht als reines Absatzobjekt, sondern als eine Art Vorstellungsbild (Image) betrachtet. Meffert definiert die Marke wie folgt: Sie ist „ein in der Psyche des Konsumenten und sonstiger Bezugsgruppen der Marke fest verankertes, unverwechselbares Vorstellungsbild von einem Produkt oder einer Dienstleistung." (Meffert et. al. 2002, S. 6).

Phase 5: integrierter identitätsorientierter Ansatz

Weitergehende Produkthomogenität und Markttransparenz durch Informations- und Kommunikationstechnologien wie dem Internet hatten zur Folge, dass die Unterscheidungskraft einer Marke nachließ und die Hauptaufgabe nun mit Nachdruck darin bestand, Besonderheiten um die Marke herum zu entwickeln. Man setzte deshalb in einer fünften Phase, die den Zeitraum Anfang der 90er Jahre bis heute umfasst, auf sozialpsychologische und emotionale Ansätze beim Markenmanagement, wie beispielsweise den integrierten identitätsorientierten Ansatz, um durch ein eigenes Profil eine Differenzierung zu konkurrierenden Marken zu schaffen (vgl. Esch et. al. 2000, S. 12f.). Grund dafür war auch, dass neueste Erkenntnisse hervorgebracht haben, dass der Blick auf einzelne imagebildende Komponenten die Maßnahmen der Markenbildung, alle Funktionen zu integrieren, reduziere, die für eine Markenwahrnehmung als Ganzes jedoch relevant seien (vgl. Meffert & Burmann 2002a, S. 24). Zudem zeigte sich, dass die Wirkung eines Images schwer kontrollierbar ist und deshalb „nicht als Maxime für das Handeln gelten sollten." (Kapferer 1992, S. 44f.).

Vielmehr ging es nun um die Ausrichtung aller Maßnahmen auf eine Markenpräsenz, die „eine in sich widerspruchsfreie, geschlossene Ganzheit von Merkmalen einer Marke" (Meffert & Burmann 2002b, S. 47) verkörpert, da man den Zusammenhang erkannte, dass sich Konsumenten damit identifizieren und so zum Kauf angeregt werden (vgl. Esch et. al. 2000, S. 27ff.). Dieser sogenannte identitätsorientierte Markenführungsansatz wird u.a. von Meffert und Burmann verfolgt, „indem sie eine außengerichtete Perspektive (Image) um eine innengerichtete Sichtweise (Identität) erweitern." (Fuchs & Unger 2014, S. 36). Nach ihnen erfordert dieser Ansatz einen Management-Prozess,

> „der die Planung, Koordination und Kontrolle aller Maßnahmen zum Aufbau starker Marken bei allen relevanten Zielgruppen umfasst. Ziel ist eine funktions- und unternehmensübergreifende Integration (inklusive Absatzmittler) aller mit der Marke zusammenhängenden Entscheidungen und Aktivitäten zum Aufbau von langfristig stabilen und werthaltigen Marke-Kundenbeziehungen im Sinne des Oberzieles einer Maximierung des Markenwertes." (Burmann et. al. 2005, S. 32).

Der identitätsorientierte Ansatz fokussiert daher die Markenidentität als Zentrum für den Erfolg einer Marke: „The identity approach assumes that a strong and coherent brand identity is pivotal for brand value creation." (Heding et. al. 2009, S. 54). Auf der einen Seite beinhaltet die Markenidentität sowohl eine genaue Vorstellung des Unternehmens von der Entstehung und den einzelnen Hauptmerkmalen ihrer Marke als auch ihre internen und externen Handlungen (vgl. Meffert & Burmann 2002b, S. 41). Auf der anderen Seite wird für die Markenbildung ebenso die Wahrnehmung dieses Markenbildes (Images) samt aller unternehmerischer Handlungen beim Konsumenten miteinbezogen.

Für die Genese einer Identität ist diese Wechselseitigkeit charakteristisch und unabdingbar. Das integrierte identitätsorientierte Markenmanagement betrachtet somit Selbst- und Fremdbild der Markenidentität (Abbildung 5). Das Selbstbild gründet in der Markenbotschaft und wird von den Markenverantwortlichen in Bezug auf „Inhalt, Idee und Eigendarstellung der Marke spezifiziert." (Kapferer 1992, S. 44). Diese Philosophie hinter der Marke bezweckt die Kernkompetenzen und -leistungen offenzulegen, die ein Unternehmen der eigenen Marke zuschreibt (vgl. Meffert & Burmann 2002b, S. 52). Die Sicht externer Bezugsgruppen darauf wird wiederum durch das Fremdbild beschrieben und wird daher als Akzeptanzkonzept bezeichnet (vgl. ebd., S. 49). Dies manifestiert sich im Markenimage und umfasst „das Ergebnis der subjektiven Wahrnehmung, Dekodierung und Akzeptanz der von der Marke ausgesendeten Impulse." (ebd., S. 65).

Das Markenimage setzt sich aus konkreten Assoziationen mit der Marke von Seite des Konsumenten zusammen, wie Erwartungen bezüglich Problem-Lösung oder konkretem Markennutzen. Darüber hinaus ist eine wichtige Komponente das Potential der Marke zur Befriedigung der individuellen Sehnsüchte und Bedürfnisse (Favourability), die mit der empfundenen Stärke und Einzigartigkeit der Marke zusammenhängt. Durch das sogenannte *Fit* zwischen Selbst- und Fremdbild soll sodann eine starke und prägnante Identität geschaffen und erhalten werden (vgl. Meffert & Burmann 2002c, S. 74).

Abbildung 5: Komponenten der Markenidentität, Quelle: Dunker 2003, S. 7.

2.2.2 Markenmodelle

Unterschiedliche Markenmodelle, bzw. Modelle der Markenführung – auch von Kommunikationsagenturen konzipiert – sollen sodann als Grundlage dafür dienen, diese Vorstellungsbilder zu erfassen und zu interpretieren (vgl. Fuchs & Unger 2014, S. 37). Dabei werden hinsichtlich Analyse, Interpretation und Umsetzung unterschiedliche Schwerpunkte gelegt, von denen einige im Folgenden im Groben erläutert werden sollen (vgl. Hermann 1999, S. 86ff.).

1. Markenkernmodelle

Beim Markenkernmodell wird sich am USP orientiert und der Markenkern anvisiert. Anhand der Begriffe Essence, Personality, Values, Benefits und Attributes sollen wenige Aussagen getroffen werden, die die Persönlichkeit der Marke ausdrücken. Abbildung 6 veranschaulicht dies am Beispiel von Nivea. In der Praxis kommt diese Vorgehensweise oft zum Einsatz, z.B. im Brand Stewardship von Ogilvy oder Brand Navigator von Wilkens. Kritisch jedoch ist, dass z.B. Wettbewerber und Referenzfelder nicht einbezogen werden und das Modell somit ausschließlich statisch auf den Markenkern reduziert bleibt (vgl. Fuchs & Unger 2014, S. 37).

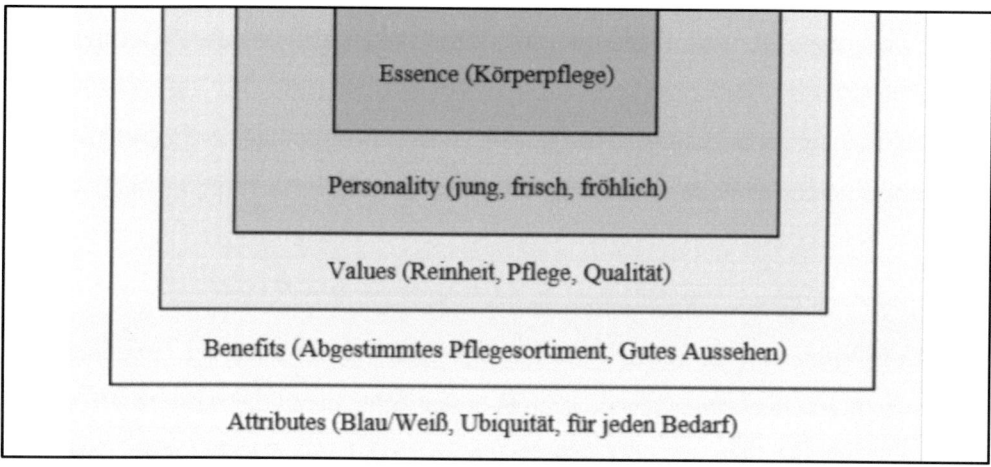

Abbildung 6: Markenkernmodell am Beispiel von Nivea, Quelle: Fuchs & Unger 2014, S. 38.

2. Distanzmodelle

Im Unterschied zum Markenkernmodell schließt das Distanzmodell andere Wettbewerber und die Analyse nicht aus. Hier soll anhand einer Differenzierung zum Wettbewerb, somit auch anhand des USP, die Markenpositionierung so weit wie möglich von den Mitstreitern abgegrenzt werden. Das Ziel dieses Vorgehens besteht darin, „einen eindeutigen Konkurrenzvorteil in der Wahrnehmung der Zielgruppen erreichen zu können." (ebd., S. 38). Bei diesem Modell werden jedoch ebenso Referenzfelder ausgeschlossen und „potentielle neue Positionierungsdimensionen und Veränderungen außerhalb des marktlichen Wettbewerbsumfeldes bleiben unberücksichtigt." (ebd.). Abbildung 7 veranschaulicht das Distanzmodell anhand des Beispiels von Fluggesellschaften.

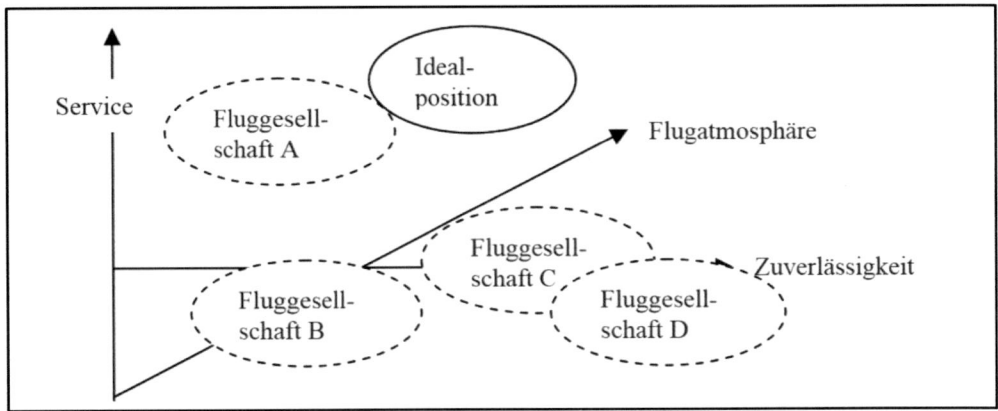

Abbildung 7: Distanzmodell am Beispiel von Fluggesellschaften, Quelle: Fuchs & Unger 2014, S. 39.

3. Kontextbasiertes Markenführungsmodell

Bei diesem Modell werden Botschaften unter Berücksichtigung der Rezeptionssituation konzipiert. Dabei werden drei wesentliche Kontexte fokussiert: 1. die Situation (momentane Bedürfnisse der Zielgruppe), 2. die Lebenswelt (grundsätzliche Bedürfnisse der Zielgruppe) und 3. die Marke (langfristige Sicherung konstitutiver Markenmerkmale). Der Kerngedanke dieses Modells ist, Mängel der wirkungslos bleibenden Botschaften, die „für den Zuschauer oder Leser im Kontext seines aktuellen Handelns irrelevant bzw. störend sind" (ebd. S. 40), zu beheben.

4. Markenmodelle von Kommunikationsagenturen

Der Brand Asset Valuator von Young & Rubicam (Abbildung 8) stellt auf Grundlage von Marktstudien die Marke-Konsumenten-Beziehung in den Mittelpunkt der Analyse. Diese Studien umfassen 19.000 Marken aus 40 Ländern, die im Drei-Jahres-Rhythmus ausführlichen Befragungen unterzogen werden. Die Analyse der Marke basiert auf vier Dimensionen: 1. differentation (Differenzierung zum Wettbewerb), 2. relevance (Bedeutung für Rezipienten), 3. esteem (Bewertung) und 4. knowledge (Für was steht die Marke?) (vgl. ebd.).

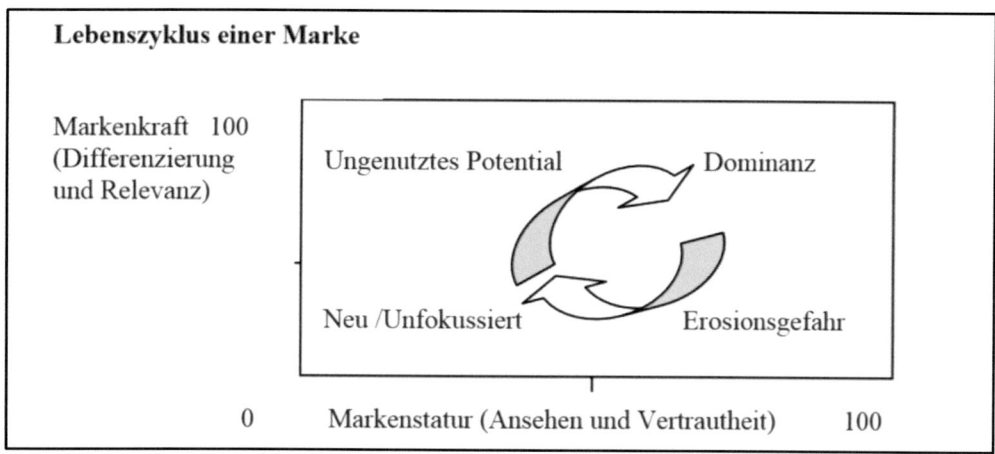

Abbildung 8: Der Brand Asset Valuator, Quelle: Fuchs & Unger 2014, S. 40.

Dabei findet eine weitere Gliederung zwischen den Dimensionen statt: Während *Differenzie-rung* und *Relevanz* zur Markenkraft zählen, werden *Ansehen* und *Vertrautheit* zur Markensta-tur verdichtet. Das Anliegen der Markenkraft besteht darin, „das Wachstumspotential einer Marke, welche Bedeutung die Marke für die Konsumenten hat, und wie stark sie sich von Wettbewerbern differenziert" (ebd., S. 41), herauszukristallisieren. So kann auf der einen Sei-te der Zustand bewertet und auf der anderen Seite etwas über die Zukunft ausgesagt werden, um daraus Anhaltspunkte für die Markenführung herzuleiten. Somit sind Analysen und Diag-nosen mit diesem Tool möglich.

Beim Modell von BBDO findet eine Unterteilung in fünf Stufen statt, die zwischen Marken-ware, Markenartikel, positionierte Marke, identitätsstiftende Marke und mythische Marke unterscheidet. Dies entspricht einer aufwertenden Steigerung der Markenstärke. Jede Marke muss dabei, um in höhere Entwicklungsstufen zu gelangen, jede dieser Hierarchiestufe durch-laufen. Damit die Marke die nächsthöhere Stufe erreicht, „werden verschiedene Treiber in-nerhalb der einzelnen Stufen differenziert." (ebd.). Einige Beispiele für die jeweiligen Treiber einer Stufe sind der folgenden Abbildung 9 aufgelistet.

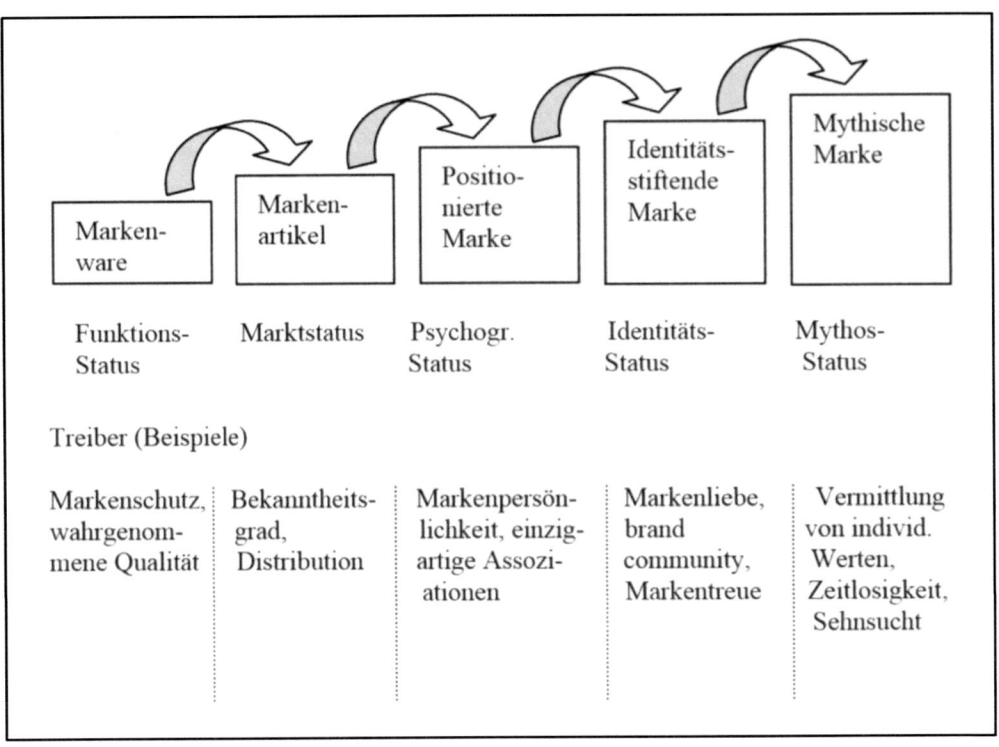

Abbildung 9: Fünfstufiges Modell der Markenführung von BBDO, Quelle: Fuchs & Unger 2014, S. 41.

2.3 Der Paradigmenwechsel vom Konsumenten zum Prosumenten

Synergieeffekte, ausgelöst durch die enge Verknüpfung von Digitalisierung (Dänzler 2014, S. 19), Internet und mediale Vernetzung (Gläser 2014, S. 273), mobilen Endgeräten (Disterer & Kleiner 2014, S. 1) und Medienkonvergenz (Koschnik 2010, S. 2), führen zu strukturellen Veränderungen sowohl in der Medienlandschaft als auch im Mediennutzungsverhalten der Empfänger.

> „In der Konsequenz ist die ehemals unumstößliche Linearität der Medienlandschaft einer zeitlichen, räumlichen und inhaltlichen Flexibilisierung von Inhalten gewichen […] und ermöglicht einen selbstbestimmten Medium-übergreifenden Konsum von Informationen und Inhalten." (Dänzler 2014, S. 19).

Konsumenten entscheiden somit auf nicht-lineare Weise, „welche Inhalte sie wann, wo und über welches Endgerät nutzen." (Heun, 2014a, S. 41). Aufgrund dessen spricht man von einem Paradigmenwechsel (Wandel von Rahmenbedingungen), der ein neues Selbstverständnis des einst passiven Empfängers zu einem „vernetzten und vielseitig aktiven Akteur, der seinen individuellen Interessen nachgeht" (Michelis 2014, S. 51), einem sogenannten Prosumenten (vgl. Tropp 2014, S. 452). Als Konsequenz führte dieser Paradigmenwechsel zur Modifizierung der lange Zeit als einseitig definierten Kommunikation von Marke zu Konsument.

Aus dem Englischen (Prosumer) stammend, ist der Begriff eine Verbindung aus Producer (deutsch: Produzent) und Consumer (deutsch: Konsument). Toffler, der diesen Begriff 1980 einführt, versteht darunter Konsumenten, die gleichzeitig sowohl als Co-Designer als auch Co-Hersteller beim Produktionsprozess von Gütern eine wesentliche Rolle spielen (vgl. Toffler 1980, o.S.). Für Ramaswamy und Ozcan steht die Marketingkommunikation vor einer unausweichlichen interpretativen Wende:

> „For a long time, people believed that the sun revolved around the earth because it was the sun that rose and set every day. A paradigm shift occurred with the realization that the earth revolved around the sun. Something similar is underway in our social, business, and civic systems. Individuals were seen as revolving around firms and institutions. We were pockets of demand, rising and setting around supply. This is no longer true. Individuals, not institutions, are now at the center of value creation." (Ramaswamy & Ozcan 2014, S. XV).

Aufgrund der Bedeutung der Einbeziehung des Prosumenten für die Markenführung und Marketingkommunikation werden im Folgenden die Eigenschaften und Verhaltensweisen von diesem genauer erläutert. Definitionsgemäß zielt der Prosument auf Partizipation ab, um einerseits seine „Interessen und Vorlieben" (Bendel 2018, o.S.) kundzugeben oder, um sich andererseits an der Schaffung innovativer Produkte, Designs sowie neuen Geschäftsmodellen zu beteiligen (vgl. Michelis 2014, S. 6). Als „Mit-Gestalter der Kultur einer Marke" (Heun 2014a, S. 42) sind Prosumenten in der Lage, eine selbstbewusste Erwartungshaltung zu vertreten.

Ein weiteres Charakteristikum des Prosumenten ist die „verbal[e] und bildlich[e]" Selbstdarstellung und -inszenierung auf Social-Media-Plattformen" (Tropp 2014, S. 202) und die damit einhergehende Schaffung „persönliche[r] Öffentlichkeiten." (Schmidt 2013, S. 26). Nach Beck und Beck-Gernsheim sind Prosumenten aufgrund gesamtgesellschaftlicher Entwicklungen wie der Individualisierung und der Multioptionalität geneigt, „ihre Biografie unter Einbezug ständiger Veränderungen und Abstimmungen zusammenzustellen, zu gestalten und zu inszenieren" (Beck & Beck-Gernsheim 1994, S. 11 ff.), wobei sich die Individualisierung dabei als der gesellschaftliche Prozess der „Auflösung vorgegebener sozialer Lebensformen" (ebd.) erweist.

Die Erweiterungen und Ausdifferenzierung der Wahlmöglichkeiten verschärft die Individualisierung und hat eine Multioptionalität zur Folge, was sich ebenfalls im Verhalten der Prosumenten zeigt (vgl. Tropp 2014, S. 204). Zunehmend bestimmt u.a. die Kongruenz mit den eigenen Werten (z.B. Fair Trade oder Nachhaltigkeit) die Kaufentscheidungen und die Bindung zu auserwählten Marken. Der Prosument wird als das „Ergebnis der Wahl seiner Möglichkeiten" (Rasch 2016, S. 89) angesehen und kann als *homo optionis* bezeichnet werden (vgl. Beck & Beck-Gernsheim 1994, S. 16).

Doch Prosumenten verfolgen nicht ausschließlich Individualisierungsbestrebungen. Ebenso möchten sie in „Verbundenheit mit Gleichgesinnten" (Baumann 2014, S. 308) leben und vernetzen sich in sozialen Gruppen, den sogenannten Communitys (vgl. ebd.). Diese soziale Interaktion beruht auf gemeinsamen Zielen, geteilter Identität, gemeinsamem Besitz oder gemeinsamen Interessen (vgl. Algesheimer 2004, S. 48). Nach Bourdieu gründet dieses Gemeinschaftlichkeitsstreben in den Übereinstimmungen ihrer „Wahrnehmungs- und Beurteilungsschemata zum Erkennen, Interpretieren und Bewerten" (Bourdieu 2014, S. 279), „welche sich in einem Netz sozialer Beziehungen der Akteure herausbilden." (Rasch 2016, S. 89).

Aufgrund der Veränderung der Rolle des Konsumenten zum Prosumenten in Verbindung mit den heutigen kommunikationstechnologischen Veränderungen der Medienlandschaft hat sich das klassische (Massen-)Kommunikationsmodell in Anl. an Lasswell (1948) zu einer Kommunikations-Triade modifiziert (vgl. Rasch 2016, S. 89f.). Das klassische dyadische Kommunikationsgeflecht zwischen Marke und Konsument wird um zwei zusätzliche Beziehungsprozesse erweitert – von Prosument zu Marke und von Prosument zu Prosument. Abbildung 10 veranschaulicht diese Modifizierung.

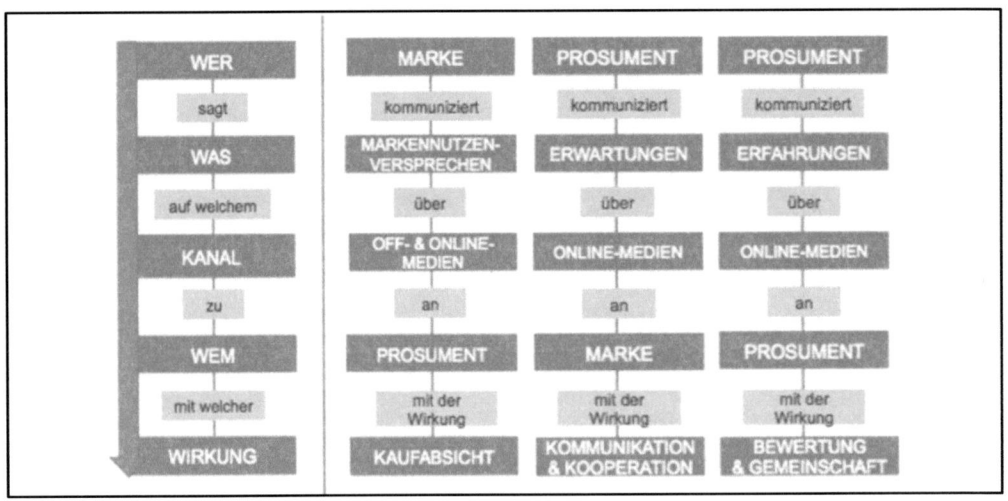

Abbildung 10: Modifiziertes Kommunikationsmodell, Quelle: Rasch 2016, S. 90; in Anl. an Muniz & O´Guinn 2001, S. 427; Heun 2014b, S. 229; Prahalad & Ramaswamy 2004, S. 11.

Die Abbildung zeigt die unterschiedlichen Absichten, bzw. Wirkungen der drei Kommunikationskonstellationen. Bei der Kommunikation von Marke zu Prosument soll das Markennutzenversprechen über Off- und Onlinemedien eine Kaufabsicht erzielen, „die vor dem Hintergrund der erhöhten Transparenz durch das Internet kritisch hinterfragt werden kann." (Rasch 2016, S. 90).

Umgekehrt werden von Prosument zu Marke Erwartungen des Prosumenten über Online-Medien an die Marke kommuniziert, um Kooperation zwischen den beiden Akteuren zu bewirken, sodass nun der „ehemalig[e] Empfänger von Botschaften, ebenso als Sender einer Botschaft fungier[t]." (ebd.). Dieser kommunikative Austausch ist für die Marke hinsichtlich der Verbesserung ihrer Angebote höchstrelevant und war „in Zeiten klassischer Offline-Medien nicht gegeben." (ebd.). Somit verändert sich die klassische One-Way-Kommunikation der Marketingkommunikation zu einem Dialog zwischen Prosument und Marke (vgl. Michelis 2014, S. 228).

Bei der Kommunikation zwischen Prosument[6] und Prosument können diese untereinander ihre Erfahrungen mit der Marke austauschen und teilen, sodass entweder eine Bewertung stattfindet oder auch – bei übereinstimmenden Aussagen – ein bindendes Gemeinschaftsgefühl entsteht. Der Anbieter der Marke selbst nimmt in diesem Kommunikationsfluss eine untergeordnete Rolle hinsichtlich der Markenbotschaft ein (vgl. Muniz & O′Guinn 2001, S. 427) und übernimmt lediglich die Funktion des Objekts, über das sich im Rahmen von Brand Communitys ausgetauscht wird (vgl. von Lowenfeld 2006, S. 126). Als Resultat sind das Aussenden markenbezogener Botschaften nicht länger die alleinige Aufgabe der Marketingkommunikation, wobei der eigentliche Kommunikationsprozess zwischen Marke und Prosument einem „mehrdimensionalen Prozess […], bei [dem] die Rollen häufig wechseln können" (Michelis 2014, S. 230) gleicht.

Aufgrund der veränderten Rolle des Konsumenten werden nach Jones persuasive Botschaften bezüglich des Markenbrandings durch den Gedanken von „Marke als Plattform" (Jones 2012, S. 77) ersetzt. Bewertungen und Kommentare in sozialen Netzwerken durch Konsumenten beeinflussen nach Henseler das „Kommunikationsrepertoire einer Marke" und bilden einen „essentiellen Bestandteil der Markenprägung." (Henseler 2011, S. 117).

2.4 Herausforderungen heutiger Marketingkommunikation

Die Verbraucher sind umgeben von einem mit Marken und Angeboten überlasteten und nach Aufmerksamkeit verlangenden Umfeld. Ein Blick auf das Time Square in New York zeigt, wie eine „alt[e] Marketingwelt, die Köpfe der Menschen mit penetrantem Aufblinken zu erreichen" (Brand Trust o.J., o.S.) versucht. Lange Zeit galt offensichtliche und gekennzeichnete Werbung als erstrebenswert, denn es wurde als Zeichen von Wohlstand und Glück betrachtet:

---

[6] Im weiteren Verlauf der Arbeit wird der Begriff des Konsumenten gebraucht, da er eine geläufigere Form darstellt. Unter dem Begriff Konsument wird dennoch nicht ausschließlich ein passiver Rezipient verstanden, der sich ausschließlich von der Werbebotschaft beeinflussen lässt. Ob eine Person passiv oder aktiv auf eine Werbebotschaft reagiert, ist ein weites Feld und wird aufgrund der Komplexität der Thematik und den Umfang, den diese einnehmen würde, nicht näher erläutert.

„Von der Lautstärke und der Menge der Reklame konnte man direkte Schlüsse auf die Entwicklung des Wohlstands treffen. Je mehr Werbung, je lauter, desto besser ging es uns. [Doch] die Konsumgesellschaft ist erwachsener, reifer. Man verliebt sich nicht mehr in jeden dahergelaufenen Slogan." (Lotter 2014, S. 38).

Die Informationsflut wurde zum Problem. Bereits 1980 verzeichnete man in den USA eine gesamtgesellschaftliche Informationsüberlastung von 99,6% und in Deutschland von 98% (vgl. Kroeber-Riel & Esch 2000, S. 14). Diese Überlastung kommt dadurch zustande, dass die Wahrnehmungskapazität des Menschen begrenzt ist, sodass während eines bestimmten Zeitraums lediglich eine bestimmte Menge an Informationen aufgenommen und verarbeitet werden kann (vgl. Jacoby 1977, S. 569).

Dies liegt begründet in der aus der Wahrnehmungspsychologie stammenden Annahme, dass die „Gesamtheit der Umweltreize, die einem Konsumenten zur Informationsaufnahme zur Verfügung steht, wesentlich größer ist als die Verarbeitungskapazität." (Rinne & Rennhak 2006, S. 1). Somit lässt sich der Begriff der Informationsüberlastung oder des Informationsüberschusses als jenen Anteil an Informationen des gesamten Informationsangebots beschreiben, der nicht beachtet wird und damit einer Selektion entspricht.

Die Schere zwischen Informationsangebot und Informationsnachfrage wird im Zeitalter der Digitalisierung weiter auseinandergehen. Dies ist eine unumgängliche Entwicklung, da die Verarbeitungskapazität der Konsumenten einerseits unverändert bleibt und der Anstieg an Werbemittel andererseits stetig zunimmt. Kommunikationsmaßnahmen müssen somit verstärkt relevante Botschaften aussenden, um „auch dann wirksam [zu] werden, wenn sie nur flüchtig und bruchstückhaft aufgenommen" (Kroeber-Riel & Esch 2000, S. 14) werden.

Eine weitere Herausforderung sind die weltweit als gesättigt angesehenen Waren- und Dienstleistungsmärkte (Harrigan 1989, o.S.). In den westlichen Industriestaaten fällt dieser Anteil noch viel höher aus. Das Gegenteil davon sind wachsende Märkte, wo Unternehmen, wenn sie in den Markt eindringen niemanden verdrängen. Gesättigte Märkte bedeuten somit verstärkte Konkurrenz und ruinösen Verdrängungswettbewerb.

Hinsichtlich der Eigenschaften und Funktionen sind heute viele Produkte und Dienstleistungen austauschbar und ihre Qualität wird von Konsumenten als gegeben vorausgesetzt. Abbildung 11 zeigt die Ergebnisse der Brand-Parity-Studie 2009 hinsichtlich der wahrgenommen Markengleichheit in Deutschland im Jahr 2009 und die Veränderung im Vergleich zum Jahr 2004. Am höchsten war die wahrgenommene Markengleichheit bei Benzin, Vollwaschmitteln und Molkereiprodukten, während die höchsten Zuwächse im Vergleich zum Jahr 2004 bei Vollwaschmitteln und Kreditkarten zu verzeichnen waren.

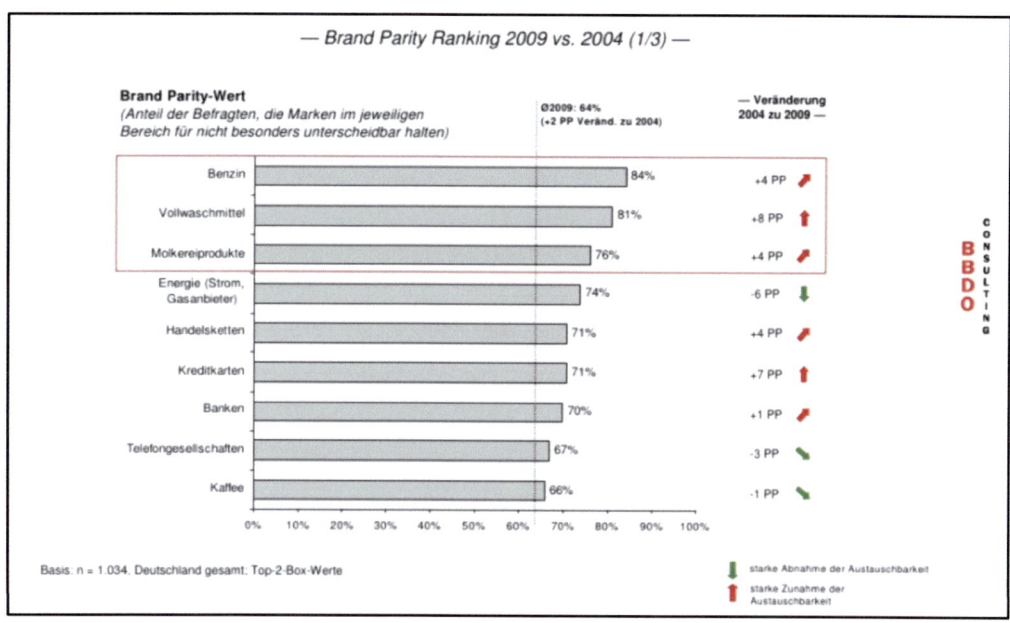

Abbildung 11: Brand Parity-Studie 2009, Quelle: BBDO Consulting 2009, S. 5.

Eine wahrgenommene Homogenität muss sich dabei nicht nur auf das Angebot selbst beziehen, sondern kann sich gleichermaßen in der Werbung ausdrücken. Dafür gibt es viele Beispiele. Eines davon ist die „Euro-Manie" der Banken 1998, als jede deutsche Bank Werbung anhand von Informationen zum Euro gemacht hatte. Damit sollte zwar auf der einen Seite die Kompetenz nach außen kommuniziert werden, jedoch waren diese für die Empfänger „nichts anderes als ein informativer Einheitsbrei, der keine Differenzierungsmöglichkeit zwischen Banken bot." (Kroeber-Riel & Esch 2000, S. 22).

Ebenso verhielt es sich bei der Automobilwerbung während der Airbag-Welle Mitte der 90er Jahre. Kein Hersteller, ob Mercedes-Benz, Opel oder VW, konnte davon ablassen, „die stereotype Darbietung geöffneter Airbags zur Demonstration der Sicherheit des jeweiligen Automobils" (ebd.) in den Mittelpunkt ihrer Werbekampagnen zu stellen.

Neben einer wahrnehmbaren Homogenität von Produktgruppen sind die Untergruppen (Marktsegmente) durch Heterogenität gekennzeichnet, je weiter in die speziellen Eigenschaften der Produkte gegangen wird. Aufgrund dessen lässt sich „modernes Marketing als ein Denken in Zielgruppen umschreiben" (ebd.). Der gesamte Absatzmarkt orientiert sich an Abnehmer mit ähnlichen Verhaltensweisen und wird in verschiedene Marktsegmente aufgeteilt.

Ein Haushaltsbeispiel liefert die Produktgruppe Pfannen. Während früher „nur wenige Pfannen für ‚den' Haushalt angeboten" (ebd., S. 23) wurden, existieren heute als Untergruppen Pfannen für Single- oder Mehrpersonenhaushalte, aus verschiedenen Materialien (Guss, Stahl, Kupfer), für verschiedene Herde (Elektro, Glaskeramik, Induktion) oder für erlebnisorientierte Kunden (schwarzer Stahl, modisches Dekor). Auch im Zeitschriftensegment und dem

Wachstum an „Special Interest-Titeln" lässt sich Marktsegmentierung gut erkennen. Es gibt zahlreiche Zeitschriften für die Themen Mode und Lifestyle, Business, Sport, Essen und Trinken, Autofahren, etc., die sich wiederum in einzelne Segmente unterteilen, wie z.B. beim Thema Sport in Laufen, Golf, Fußball, etc. Ähnliche Spezialisierungen wie bei Produkten sind bei bestimmten Berufen (Betriebswirten, Ärzten) anzutreffen.

Das Markenmanagement steht deshalb mit Nachdruck vor der Bewältigung der Aufgabe, die Marke in einer Nische zu positionieren und Austauschbarkeit zu vermeiden, um so zur Menge der wahrgenommen Kaufalternativen zu gehören. Die Marketingkommunikation steht wiederum vor der Aufgabe, keine austauschbaren Werbeauftritte zu produzieren, um sich dadurch von der Konkurrenz zu unterscheiden. Aufgrund der Austauschbarkeit auf gesättigten Märkten bietet ein Werbestil, der lediglich mit konkreten Produktdaten arbeitet, nur schwache Anhaltspunkte für Markenpräferenzen. Auf diesem Wege würden nur „Pseudovorteile" (ebd., S. 21) genannt werden wie „wäscht noch weißer, fährt noch schneller, bietet noch mehr Sicherheit." (ebd., S. 21). Dies spiegelt sich ebenfalls in der Darstellung wieder. Während die bloße Darstellung von Produkten seit den 1950er Jahren fortlaufend sinkt (von ca. 60% bis auf unter 20%) (vgl. ebd., S. 25), werden heute Produktverwendungen durch die Zielpersonen „in einem lebensstiltypischen Umfeld" (Leiss et. al. 1997, S. 268) gezeigt.

Aufgrund dessen ist es ökonomisch sinnvoll, sich in gesättigten Märkten besonders auf das Erlebnisprofil des Angebots zu fokussieren. Nach Opaschowski sind die Hälfte der deutschen Bevölkerung Erlebniskonsumenten, die den Spaßfaktor an erste Stelle stellen – eben die „Dinge, die das Leben schön machen." (Opaschowski 1998, S. 30). Dies wurzelt in einem Bedürfnis der Konsumenten nach emotionaler Anregung durch eine lustbetonte Umwelt – „ob in der Natur, in der Stadt, in der Kommunikation" (Kroeber-Riel & Esch 2000, S. 27). Der Erfolg der Marketingkommunikation hängt demzufolge in zunehmendem Maße davon ab, inwieweit es gelingt, das Angebot anhand von Text, Bild und Film in die emotionale Erfahrungs- und Erlebniswelt der Empfänger zu integrieren. Storytelling repräsentiert wegen seines hohen emotionalen Unterhaltungswert und der Auswahl an Bildmotiven genau diesen Werbestil.

Neben den bisher aufgeführten Punkten spielen des Weiteren kommunikationstechnologische Veränderungen eine große Rolle. So stellen die Vernetzung der Konsumenten, die non-lineare Verfügbarkeit der Medienkanäle und die mehr oder weniger kritische Haltung der Bevölkerung gegenüber Werbung weitere Einflussgrößen dar:

> „Advertising has lost his power... Advertising has no credibility with consumers, who are increasingly skeptical of its claims and whenever possible are inclined to reject its message." (Denning 2005, S. 103).

Konsumenten sind durch die dauerhafte Verfügbarkeit von Informationen im Internet sowie durch Verbraucherorganisationen wie Stiftung Warentest, Deutscher Mieterbund, Foodwatch, Finanztip oder das Vergleichsportal Verivox ausführlich informiert. Viele legen Wert auf Erfahrungswerte von verschiedenen Adressen. Vor allem vertrauen sie jedoch auf Aussagen von Familie und Freunden, wie aus einer Umfrage der Verbraucherschutzzentrale aus dem Jahre 2017 hervorgeht, die in der folgenden Abbildung 12 veranschaulicht ist. Hersteller und Handel sind dabei auf Platz fünf.

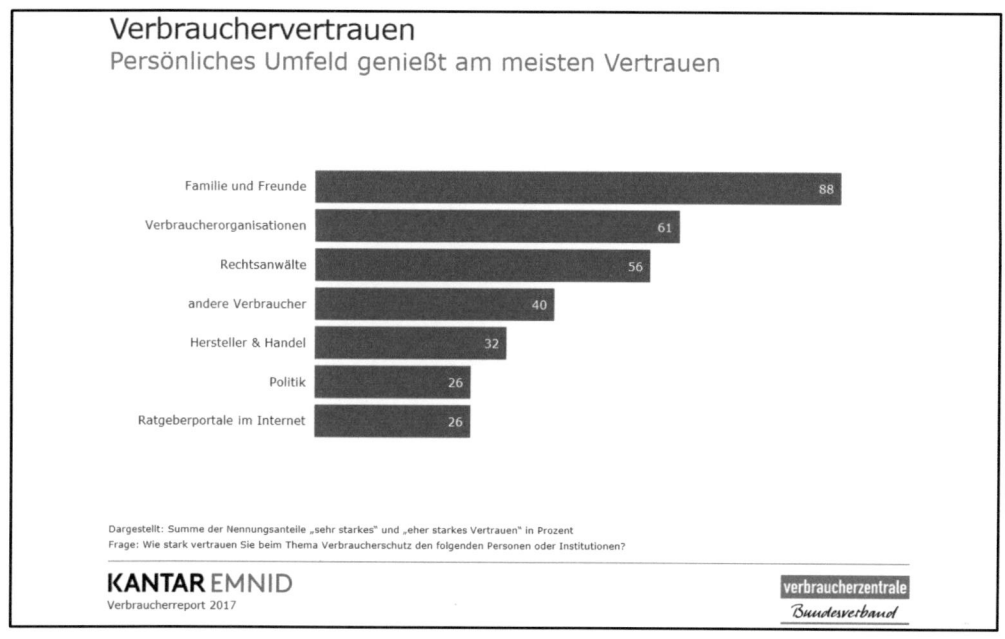

Abbildung 12: Ergebnisse Verbraucherreport 2017, Quelle: VZBV 2017, o.S.

Im Falle eines Fehlverhaltens von Seiten des Unternehmens, z.B. durch das Nichteinhalten eines Qualitätsversprechens (aktuell: Dieselskandal), verbreitet sich dies heute schneller, weitreichender und durch neue Phänomene wie sogenannte „Shitstorms" (Stegbauer 2018, S. 1) mit einer schwer kontrollierbaren Dynamik. Doch ebenso wirkt sich diese Dynamik umgekehrt hinsichtlich gut konzipierter Kampagnen aus (Stichwort: Buzz Marketing, vgl. Kirby & Marsden 2006), sodass sich diese im Idealfall innerhalb weniger Sekunden durch mehrere Millionen Klicks auf Sozialen Netzwerken viral verbreiten.

Die Marketingkommunikation der Zukunft steht somit vor der Aufgabe, ein Zuviel an als aufdringlich empfundener Werbung zu vermeiden und den Konsumenten über Communitys in den Werbeprozess einzubinden. Communitys zetteln einen Dialog zwischen dem Anbieter einer Marke und Kunden, aber auch der Kunden untereinander an. Nebenbei entsteht jede Menge wertvoller nutzergenerierter Content und eventuelle indirekte Synergieeffekte wie „Mundpropaganda" (Nyilasy 2006, S. 161f.) und Weiterempfehlungen. Nutzergenerierter

Content ist deshalb so wichtig, da er authentisch und damit vertrauenswürdig ist, weil die Konsumenten sich zwanglos einbringen können und automatisch betroffen sind.

Für die Marketingkommunikation sind ebenso grundlegende Trends hinsichtlich eines Wertewandels[7] von Bedeutung, die sich auf das Konsumentenverhalten auswirken. Ein mit Nachdruck verfolgtes Ziel der Marketingkommunikation ist es, ein sympathisches Image des Unternehmens zu vermitteln und auch in Krisensituationen schnell und angemessen zu reagieren.

Folgende Trends können dabei als Erfolgsfaktoren dienen: Erlebnis- und Genussorientierung, Gesundheits- und Umweltbewusstsein, Betonung der Freizeit und Spaß an der Arbeit, internationale und multikulturelle Ausrichtung sowie die Suche nach Individualität und Selbstverwirklichung (vgl. Kroeber-Riel & Esch 2000, S. 27).

Vor diesem Hintergrund reflektieren Konsumenten in besonderem Maße die immateriellen Werte wie die emotionalen und symbolischen Eigenschaften von Produkten. So werden auf diesem Wege Marken, Produkte und Dienstleistungen in Form von Erlebnissen, Lifestyles und Gemeinschaftsgefühlen in allen Preiskategorien vermarktet, „die sich damit zu einem Türöffner zur menschlichen Identität etablieren." (Opolka 2016, S. 100). Der britische Streetart-Künstler Banksy kritisierte diese Art von Konsumkultur mit dem ironischen Spruch: „Sorry! The lifestyle you ordered is currently out of stock" (Banksy zit. n. Winkler & Nocke 2011, o.S.)., was übersetzt bedeutet: „Entschuldige! Den Lifestyle, den du bestellt hast, ist zurzeit ausverkauft."

---

[7] Unter „Werte" werden die in einer Kultur bestehenden moralischen und ethischen Überzeugungen und Normen verstanden, an denen sich das Verhalten orientiert. Eine Übersicht zu Wertewandel und Marketing liefert Opaschowski 1993.

3. Geschichten vermarkten – Storytelling in der Marketingkommunikation

3.1 Warum Storytelling?

Es zeigt sich, dass gerade im Zeitalter der Digitalisierung und der damit einhergehenden massenhaften Verfügbarkeit von Informationen und multimedialen Kommunikationsweisen, Marketingmanager durch Einzelgeschichten auf das Interesse der Konsumenten stoßen – singuläre, konkrete und beispielhafte Situationen in einem emotionalen Setting. Auch in der Politik wird darüber diskutiert, welche Macht Geschichten innewohnt und wie man mit „dem zunehmenden Interessenverlust an Faktischem umgehen soll" (Ettl-Huber 2017, S. 91), und „selbst in der Kriegsführung wird mit einfachen Geschichten oft mehr erreicht als mit vielen Argumenten." (Hanimann 2007, S. 37).

Zwar gilt, dass in der Marketingkommunikation Fakten eine wesentliche Rolle spielen (z.B. hinsichtlich CSR), doch wie Ettl-Huber anmerkt, bedeutet es meist „keinen Beinbruch, die Vorzüge eines Produkts oder einer Dienstleistung etwas mehr zu preisen." (Ettl-Huber 2017, S. 91). Denn das Geschichtenerzählen hat auf eine bestimmte Art und Weise Einfluss auf den Zuhörer. Ein bekanntes Zitat lautet: „People don't have 30 Seconds to be interrupted, but have 30 minutes to hear a good story." (Thompson zit. n. Bredl 2015, o.S.). Viele namhafte Marken haben sich bereits aufgrund dessen hinsichtlich ihrer Kundenansprache umorientiert: „Der Werbeimpuls im Sekundentakt wird abgelöst durch aufwändiges inszeniertes Erzählen einer Geschichte rund um die Marke." (Brand Trust o.J., o.S.).

Was ist der Grund dafür, dass das Erzählen seit Jahren ökonomischen Aufschwung erfährt, sowohl in Medien, Journalismus, Popkultur, Marketing, Werbung und in der PR (vgl. Esders 2017, S. 195)? Das Aufkommen des Instruments Storytelling wird auf Mitte der neunziger Jahre geschätzt (vgl. Hanimann 2007, S. 37). Die Erkenntnisse hinsichtlich der Veränderung des Markenverständnisses veranlassten Experten neue Strategien zu entwickeln, um einem schnelllebigen und gesättigten Markt gerecht zu werden. Zudem versprachen Kunden sich fortan mehr von Marken als den bloßen Erwerb von mit Logos bestückten Produkten. Auch No-Name Produkte waren auf dem Vormarsch.

Seit dem sogenannten *narrative turn*[8] werden in den Kultur- und Sozialwissenschaften die vielseitigen Leistungen des Erzählens zur Wissensgenerierung und zum Wissenstransfer erforscht (Fahrenwald 2011). Es wird von der Grundannahme ausgegangen, dass die „Konstitution, Stabilisierung und Transformation individueller wie kollektiver Identitäten" (Neumann

---

[8] Das transdisziplinäre Forschungsgebiet umfasst Philosophie, Geschichtswissenschaft, Kommunikations- und Literaturwissenschaft, Anthropologie, Soziologie, Sozialpsychologie, Pädagogik und Organisationstheorie (vgl. Kreiswirth 1995; Herman, Jahn et. al. 2005).

2000, S. 7) maßgeblich durch das Erzählen bedingt ist. Laut des Biologen Siefer steckt hinter dem Erzählen ein tieferer Sinn, es gleicht wie Essen und Trinken einem wichtigen Grundbedürfnis des Menschen. Letztendlich wird das gesamte Leben auf narrative Weise erinnert, erlebt und organisiert: „Denn nicht die Vernunft oder Analyse, nicht Intuition oder Gefühle, sondern das Erzählen ist die wichtigste Form menschlichen Denkens." (Siefer 2015, S. 15).

Vor diesem Hintergrund nutzen Unternehmen das Potential des Erzählens für die Einbindung von Mitarbeitern und Kunden oder auch für interne Lern- und Veränderungsprozesse. Durch Storytelling kann es „zu Veränderungen der Wahrnehmung, der Akzeptanz, der Einstellung und des Verständnisses für bestimmte Prozesse, Problematiken oder Personengruppen [kommen], die in der Erfahrungsgeschichte beschrieben wurden." (Thier 2005, S. 42). Ebenso haben viele Dienstleister, Beratungsunternehmen, Kreativagenturen und Bildungsanbieter ihren Fokus auf Storytelling gelegt und auch die Selbstfindungs- und Selbstmanagementszene hat das Erzählen für Businessstrategien entdeckt (vgl. Esders 2017, S. 195). Die amerikanische Soziologin Polletta schreibt in ihren Studien zu Storytelling:

> „In recent years, storytelling has been promoted in suprising places. [...] Managers are now urged to tell stories to motivate workers and doctors are trained to listen to the stories their patients tell. Reporters have rallied around a movement für narrative therapy. Every year, tens of thousands of people visit the International Stroytelling Center in Jonesborough, Tennessee, or flock to one of the more than two hundred storytelling festivals held around the country. And a quick scan of any bookstore reveals scores of popular books on the art of storytelling as a route to spirituality, a strategy for grant seekers, a mode of conflict resolution, and a weight-loss plan." (Poletta 2009, S. 1).

Untersuchungen hinsichtlich eines bemerkbaren „Wechsel[s] vom Begründen zum Erzählen" (Hanimann 2007, S. 37) in vielen Bereichen der Gesellschaft wie Medizin, Wissenschaft, Politik und Marketing, lagen lange Zeit nicht vor (vgl. ebd.; Esders 2017, S. 202). Als Wegbereiter des öffentlichen Diskurses über die strategischen und manipulativen Eigenschaften des Storytellings gilt das 2007 erschienene Buch von Christian Salmon, In den Essays thematisiert er nicht nur „das wachsende poetische und poetologische Raffinement des Marketings" (Esders 2017, S. 202), sondern die ebenso ohne kritische Hinterfragung angenommene Integrität des Erzählens.

Was leistet somit das Storytelling und in welchem Kontext werden Geschichten in der Marketingkommunikation eingesetzt? Nach Krüger lässt sich Storytelling vor allem für drei Bereiche anwenden: für das Identitäts-, Aufmerksamkeits- und Deutungsmanagement (vgl. Krüger 2017, S. 105f.):

1. Identitätsmanagement

Mit dem Ziel eines Unternehmens, eine eindeutige, attraktive und differenzierende Marktpositionierung zu erreichen und somit identifizierbar zu sein, werden Geschichten dafür genutzt, den Prozess der Identitätsbildung zu entwickeln und darzustellen. Denn narrative Strukturen eignen sich im Besonderen dafür, Motive, Aktivitäten und Leistungen des Unternehmens verständlich zu kommunizieren. Geschichten sind im besten Fall dazu in der Lage, „Leistungs- und Wertemerkmale der Unternehmensidentität" (Buß 2012, S. 171) „wie Reputation, Kompetenz und Rang bzw. Ortsbezug, Tradition und kulturelles Selbstverständnis" (Krüger 2017, S. 105) zu übermitteln.

2. Aufmerksamkeitsmanagement

Im Wettbewerb um Kunden muss es einer Marke gelingen, die öffentliche Aufmerksamkeit für sich zu gewinnen. Durch Aspekte der Narration wie Akteure (Personalisierung, Emotionalisierung), Orte (Nähe) und Ereignisse (Faktizität) wird Aufmerksamkeit geweckt (vgl. Krüger 2015, S. 117ff.). Die Handlung (Eindeutigkeit, Kontroverse, Erfolg, Misserfolg) sorgt für den Spannungsbogen mit einem Anfangs-, Wende- und Endpunkt.

3. Deutungsmanagement

Eine Werbebotschaft soll dem Empfänger etwas vermitteln und ihm helfen sich zu orientieren. Geschichten transportieren aufgrund ihrer Struktur Muster für eine Deutung, sodass der Empfänger sodann selbst in der Lage dazu ist, die Geschichten zu interpretieren. Entman (1993) bezeichnet diese Deutungsmuster als narrative *Frames* und Elemente der Erzählung, die da sind: der Ausgangspunkt (das zentrale Problem), die verschiedenen Figuren und ihre Archetypen, „die eine Bewertung ihrer Motive und Handlungen ermöglichen" (Krüger 2017, S. 106), die verschiedenen einschneidenden Momente der Handlung (vom Anfang bis zum positiven/negativen Ende) und die Moral der Geschichte.

Ein Beispiel für ein narratives Frame, bzw. Muster für die Deutung einer Werbebotschaft, bietet der Image-Spot von Lidl aus dem Jahre 2015. In dem Film wird eine besondere Aussage in den Mittelpunkt gestellt: „Was gut ist". Im Folgenden wird der Text der Erzählstimme zitiert, der zusammen mit einer harmonischen Bildwelt inszeniert wird.

„Woran erkennen wir eigentlich, was gut ist? Dass etwas gut ist, erkennen wir nicht daran, dass uns jemand sagt: ‚Das ist gut‘. Und auch nicht daran, dass es auf einmal alle gut
finden. Oder, dass es besonders teuer ist. Was gut ist, erkennen wir daran, dass es gut für
uns ist. Weil alles einfach so ist, wie es sein soll – oder sogar noch besser. Wir erkennen
es an Kleinigkeiten, die für uns große Bedeutung haben. Manchmal ist gut aber auch genau das, womit wir nie gerechnet hätten. Das, was uns überrascht und uns plötzlich genau
deshalb so gut gefällt. Gut kann eine ganz große Sache sein oder ein ganz kleiner Moment. Und manchmal ist etwas so gut, dass es die Zeit anhalten kann. Wir erkennen es
daran, wie sehr wir uns darauf freuen und es genießen. Und wir vermissen es, wenn es
plötzlich fehlt. Gutes erkennen wir daran, wie etwas aussieht, riecht, schmeckt und vor allem, wie es sich anfühlt. Eigentlich wissen wir doch alle ganz genau, was gut für uns ist.“
(Lidl 2015).

Im Spot werden weder der Unternehmensname genannt noch Produkte gezeigt, lediglich deu-
ten am Ende die Worte: „Gutes erkennen wir daran, wie etwas aussieht, riecht, schmeckt“,
darauf, um welche Branche es sich handeln könnte. Schließlich wird mit dem Schlusssatz:
„Eigentlich wissen wir doch alle ganz genau, was gut für uns ist“ ersichtlich, dass der Spot
sich damit auf Lidl und die Qualität ihrer Produkte bezieht. Explizit benannt wird das jedoch
nicht – es wird auf implizite Weise in die Geschichte eingebunden.

3.2 Begriffsdefinition und Abgrenzung

3.2.1 Die Sprache der Werbung – Der Zusammenhang zwischen Slogan, Werbespruch und Storytelling

Die verwendete Sprache in der Werbung und ihrer Träger in Form von Werbebotschaften[9]
entspricht einer besonderen Form von Sprache.[10] Nach Sowinski entspricht die Werbesprache
„eine[r] zweckbestimmte[n], von der Alltagssprache zumeist abgehobene[n], vorwiegend
schriftsprachlich geprägte[n] Sprachauswahl mit beschreibenden, anpreisenden und überre-
denden Funktionen.“ (Sowinski 1998, S. 42). Dabei lassen sich mehrere Arten von werblichen
Aussagen unterscheiden.

Der Werbeslogan, bzw. der in Fachkreisen synonym verwendete Begriff des Claims, ist ein
„prägnanter und einprägsamer Werbespruch oder Werbevers [...] und fasst die Werbebotschaft in kurzer Form zusammen.“ (Koschnik 1996, S. 1124). Er ist eine „Grundlage für die
Werbeerinnerung und sollte unverändert und langfristig bei den Kommunikationsmaßnahmen
zum Einsatz kommen.“ (Seebohn 2005, S. 239).

Slogans bringen somit zusammengefasst die zugrundeliegende Marketing-Strategie und den
Kerngedanken einer Marke zum Ausdruck. In manchen Fällen gehen sie sogar in den Gebrauch in die Alltagssprache über. Oft gehört ein Slogan zum Namen des Unternehmens und

---

[9] Werbebotschaft: In einer Werbung enthaltene Kernaussage.
[10] Werbesprache: Damit wird hier die verwendete Sprache in der Werbung bezeichnet und ist nicht zu verwech-
seln mit der Fachsprache, welche die Werbeverantwortlichen untereinander verwenden.

trägt damit mit besonderem Nachdruck die Unternehmensphilosophie nach außen: „Wir machen den Weg frei" (Volksbanken Raiffeisenbanken), „Vorsprung durch Technik" (Audi), „Freude am Fahren" (BMW), „Mia san mia" (FC Bayern München), „Echte Liebe" (Borussia Dortmund), „Die Beraterbank" (Dresdner Bank). Die Zugehörigkeit und untrennbare Verbindung zur Marke wird zuletzt auch dadurch ersichtlich, dass der Slogan oft Einzug in das Design des Logos findet, wie in Abbildung 13 an der Audi AG veranschaulicht.

Abbildung 13: Unternehmenslogo mit Slogan, Quelle: www.audi-mediacenter.com.

Obwohl ein Slogan langfristig etabliert werden soll, um mit der Marke in direkte Verbindung gebracht zu werden, kann sich dieser auch im Laufe der Zeit ändern, wie z.B. im Falle des Slogans „Leistung aus Leidenschaft" der Deutschen Bank. Aufgrund der vielen Negativschlagzeilen in der jüngsten Zeit wurde etwa von Aktionären der Slogan gegen die Bank gewendet: „Leistung, die Leiden schafft." (Manager Magazin 2017, o.S.). Die Deutsche Bank entschied sich den Slogan durch eine Storytelling-Kampagne zu ersetzen, bei der die Mitarbeiter selbst erzählen sollten. Statt eines Slogans oder Spruchs verfassen die Mitarbeiter unter dem Hashtag *#PositiveImpact* oder auf Deutsch *#PositiverBeitrag* eine kurze Erläuterung einer Situation, in der sie konkret einem Kunden helfen konnten.

Der Kommunikationschef Eigendorf erklärt das Ziel hinter dem Verzicht auf einen Slogan: „Anders als früher wollen wir von Vertrauen nicht reden - wir wollen uns das Vertrauen verdienen […] mit echten Mitarbeitern, echten Kunden und wahren Geschichten." (Eigendorf zit. n. ebd.). Die Markenchefin der Deutschen Bank Hilton ergänzt bezüglich der internen Ziele dieses Vorgehens: „Unsere Kolleginnen und Kollegen haben ein paar wirklich harte Jahre hinter sich. Die Kampagne hilft ihnen hoffentlich, wieder stolz auf ihre Arbeit zu sein." (Hilton zit. n. ebd.). Auch die mit Steuermilliarden gerettete Commerzbank änderte im Zuge der Finanzkrise ihren Markenauftritt und kehrte von „Gemeinsam mehr erreichen" zu ihrem alten Slogan „Die Bank an Ihrer Seite" zurück.

Wenn der Slogan eines Unternehmens nicht durch Storytelling ersetzt, sondern erweitert werden soll, gelte es, wie der frühere Red Bull-Manager Pütz erklärt, die Werbebotschaft (verpackt in einem Slogan) „mit den Mitteln des Storytelling zu verbreiten und zu multiplizieren."

(W&V 2015, o.S.). Aus seiner Sicht sei Storytelling ein geeignetes Mittel, „um Botschaften von Unternehmen und Produkten zu emotionalisieren und zu verbreiten." (ebd.).

Von dem Slogan zu unterscheiden ist das Konstrukt des Werbespruchs, das keinen Fachbegriff, sondern eine umgangssprachliche und leicht abwertende Bezeichnung bezeichnet. Ein Beispiel ist der Slogan einer Plakatwerbung der Commerzbank aus dem Jahre 2013: „Weil ‚Die Bank an Ihrer Seite' kein Werbespruch ist, sondern unser Anspruch." Der Werbespruch kann als ein jeder Art „der Werbung dienender Spruch" (Bibliographisches Institut) verstanden werden. Oft wird er für ein Produkt konzipiert und ist demnach nicht in jenem Maße langfristig angesetzt wie der Slogan.

Auf Plakaten der Sixt Autovermietung zeigt das Unternehmen, wie man spontane, freche und humorvolle Werbesprüche erfolgreich als Marketingstrategie umsetzen kann. In Abbildung 14 sieht man die typischen Merkmale der Sixt-Werbung: namenhafte Testimonials (hier: die Brüder berühmter Fußballspieler zur WM) und Kritik an Politikern (hier: der Ausrutscher von Guido Westerwelle bezüglich Brutto und Netto).

Abbildung 14: Werbesprüche als Marketingstrategie, Sixt Autovermietung, Quelle: Horizont 2014, o.S.

Wie in der Abbildung zu sehen ist, werden auf den Plakaten die Produkte von Sixt gezeigt und ebenso im Text benannt (hier: „Auto"). Darüber hinaus werden auf die Vorteile des eigenen Unternehmens hingewiesen, wie z.B. den niedrigen Preis. Da Storytelling gerade nicht nach dem Motto „lauter, schneller, besser" agiert – somit weder anpreisende Vorteile aufzählt noch Produkte in den visuellen und sprachlichen Mittelpunkt der Werbekampagnen stellt –, können Werbesprüche und Storytelling als gegensätzliche Mittel der Vermarktung betrachtet werden.

3.2.2 Der Begriff Storytelling

Da Storytelling weder ein wissenschaftlicher Terminus ist noch eine einheitliche Linie in den unterschiedlichen kommunikativen Disziplinen, in denen Storytelling auftaucht, zu erkennen wäre, handelt es sich dabei um einen nicht klar abgegrenzten und einheitlich definierten Begriff (vgl. Schach 2017, S. 61). Auf einen Nenner gebracht, lassen sich Storytelling-Maßnahmen jedoch im weitesten Sinne als „Konstruktionsformen auf der narrativen Ebene öffentlicher Kommunikation" (Szyszka 2008, S. 620) bezeichnen.

Auf der professionellen Ebene kann sodann von Storytelling gesprochen werden, wenn es bewusst und strategisch eingesetzt wird, um definierte kommunikative Werbeziele zu erreichen, sodass Ettl-Huber die Faktoren „Zielgerichtetheit, Zielgruppenorientierung und Inszenierung" (Ettl-Huber 2014, S. 18) als Indikatoren anführt. Mangold versteht unter dem Aspekt der Strategie die Ausrichtung auf die Handlung der Geschichte, da das Motiv und die Ereignisse danach ausgesucht werden müssen, ob sie mit der Positionierung des Unternehmens oder der Marke im Einklang stehen. Beispielsweise kreierte die Zigarettenmarke Marlboro eine geeignete Handlung, die besonders gut zu ihnen passte: Die Schaffung einer Welt, die an eine Wild-West-Romantik erinnert, wo das Thema Rauchen in Verbindung zu einem genussvollen mythischen Moment gesetzt wird. Folgende Storytelling-Strategie diente dabei als Ansatzpunkt:

> „In einer Welt, die immer komplexer und frustrierender für den Einzelnen wurde, repräsentierte der Cowboy eine Antithese – ein Mann, dessen Umgebung sehr simpel und relativ druckfrei ist. Er war sein eigener Boss in einer Welt, die er selbst besaß." (Jack Landry zit. n. Farin o.J, o.S.).

Die Faktoren der Langfristigkeit und Systematik werden von Frenzel et. al. besonders hervorgehoben, sodass für sie Storytelling in der Marketingkommunikation das Vorhaben verfolgt, „den internen und externen Bezugsgruppen Fakten über das Unternehmen gezielt, systematisch geplant und langfristig in Form von Geschichten zu erzählen." (Frenzel et. al. 2006, S. 3). Bei Hillmann ist die zusätzliche Komponente der Wirkung von Geschichten zu finden, die die Basis für die Methode des Storytellings darstellt:

> „Storytelling ist eine Methode, die systematisch geplant und langfristig angelegt Fakten über ein Unternehmen in Form von authentischen, emotionalen Geschichten vermittelt, die bei den wichtigen internen und externen Bezugsgruppen nachhaltig in positiver Erinnerung bleibt." (Hillmann 2011, S. 63f.).

Diese Definition bezieht gewisse Wirkungen mit ein, die „für eine Identifizierung von Storytelling empirisch schwer fassbar und zu weitgreifend ist." (Huck-Sandhu 2014, S. 661). Dies ist darauf zurückzuführen, dass Geschichten sich anhand ihrer Wirkmechanismen beschreiben lassen und „die Kernbotschaft, die eine Geschichte transportiert, […] in der Regel implizit vermittelt und nicht explizit erklärt" (ebd.) wird. Nach Huck-Sandhu gelte demzufolge für Storytelling, dass es mehrere Aussageebenen umfasst und somit im jeweiligen Kontext „unterschiedliche Bedeutungen bekommen kann." (ebd.).

3.3 Formale Merkmale des Storytellings

3.3.1 Narration in Text, Bild und Film

Einhergehend mit den Schwierigkeiten einer eindeutigen Definition finden sich in der Praxis oft „als Storytelling deklarierte Formate" wieder, obgleich man eigentlich crossmediales Marketing, aufwendiges Content-Marketing oder schlichtweg eine gelungene Kampagne meint." (Ettl-Huber 2017, S. 91f.). Selbst gewisse Aussagen werden gelegentlich unter dem Deckmantel des Storytellings als Geschichte betitelt, die jedoch beim genaueren Hinsehen nicht die Merkmale einer Erzählung aufweisen.

Wenn Mitarbeiter z.B. im Sinne des Employer Brandings die Frage gestellt bekommen, warum sie sich für jenes Unternehmen entschieden haben, bei dem sie heute arbeiten, mögen manche einige Vorteile aufzählen wie Bekanntheitsgrad, nette Kollegen, Weiterentwicklungsmöglichkeiten, Mitarbeiterfreundlichkeit, etc. Hier wird zwar etwas erzählt, doch einer Geschichte entspricht dies nicht – schon gar nicht im Sinne des Storytellings. Die genannten Vorteile sind dabei nicht das Problem, sondern dass eine Inszenierung der Themen fehlt.

Ein Storyteller würde z.B. damit beginnen, wie aufgeregt er am ersten Arbeitstag war, das Gebäude (Raum, Zeit = Inszenierung) und die Mitarbeiter ihn eingeschüchtert haben (Anfangsproblem). Als er jedoch in den Bewerbungsraum kam und der Tisch reichlich mit Essen und Trinken gedeckt, und der Chef dazu sehr freundlich war, kam der Moment, in dem er sich entspannen konnte (Wendepunkt). Und heute, nach fünf Jahren kollegialer Teamarbeit, gehört er zu den Topmanagern, da ihm im Unternehmen zahlreiche Aufstiegschancen geboten wurden (Handlung und positives Ende). An diesem Beispiel erkennt man, dass eine Handlung die Voraussetzung für Storytelling ist, „wenn also der Zustand im ersten Satz ein anderer ist als im letzten Satz", wobei bestimmte „Geschehnisse und Ereignisse […] also herausgenommen und zu einer Geschichte geformt" (ebd., S. 92) werden.

An dem Beispiel von Bertha Benz, einer Pionierin der Automobilindustrie, lässt sich der Unterschied zwischen einem Storytelling-Text und einer eher an eine Beschreibung gleichenden Text weiterhin verdeutlichen. Auf der Corporate Website von Daimler heißt es:

> „[…] In den wirtschaftlich kritischen Anfangsjahren versetzt sie [Bertha Benz] ihre Mitgift zur Rettung der ersten Firma und tritt den Zweiflern ihres Mannes immer wieder entschieden entgegen. Denn das neue Fortbewegungsmittel zum Personen- und Warentransport stößt größtenteils auf tiefe Skepsis. Dieses bornierte Verhalten der meisten Zeitgenossen führt schließlich im August 1888 zu einer folgenschweren Entscheidung.

Weltweit erste Fernfahrt mit einem Automobil. Bertha Benz will und kann nicht länger mit ansehen, wie ihr Gatte unter der Verweigerungshaltung der Bevölkerung leidet und macht sich kurzerhand ohne sein Wissen mit Motorwagen und Nachwuchs auf in Richtung Pforzheim. Dort kommt sie auch tatsächlich mit ihren Söhnen Eugen und Richard an. *Die Randbedingungen dieser weltweit ersten Fernfahrt mit einem Automobil – etwa der Benzinnachschub aus der Apotheke – sind legendär und fest in den Annalen der Automobilgeschichte verankert.* Bertha Benz und ihre Söhne haben somit entscheidenden Anteil an dem folgenden Siegeszug des benzinbetriebenen Automobils." (Daimler o.J.).

In diesem Text werden die anfänglichen Herausforderungen und die historische Bedeutung dieser weltweit ersten Fernfahrt mit einem Automobil geschildert. Zwar erinnert es in gewissen Zügen an eine Geschichte, doch, wenn jemandem die Hintergründe der Geschichte bekannt sind, fällt auf, dass der eigentliche Plot fehlt – der Verlauf der Fahrt und die Schwierigkeiten, die Bertha Benz dabei meistern musste (vgl. Schach 2016, S. 5). Er wird in dieser Textvariante lediglich an der kursiv markierten Stelle angedeutet. Es ist davon auszugehen, dass Daimler ausführliche Kommunikationsunterlagen dazu besitzt, doch wurde für die Außendarstellung auf der Unternehmensseite diese Variante gewählt, die eher einer historischen Beschreibung entspricht und „die der Leser vielleicht gar nicht als Geschichte wahrnimmt." (ebd.). Dagegen wurde dieses Ereignis auf einer Website eines Automobilmuseums in einer völlig anderen Form online gestellt, wo Bertha Benz in einem Zitat selbst von den Herausforderungen der Fahrt berichtet:

„[…] Und so haben die beiden 13- und 15jährigen Buben und ich eine richtige Verschwörung angezettelt: Früh am Morgen sind wir losgefahren, sodaß wir schon stundenweit waren bis der Papa aufwachte. Ligroin, so nannte man damals das Benzin, hatten wir als Reserve dabei. In Wiesloch mußten wir etwas nachtanken. Das Ligroin besorgten wir uns in der Apotheke. Ab da gab es Schwierigkeiten, denn wir hatten für die Steigungen keinen kleinen Gang. Da haben Richard und ich öfter schieben müssen. Und bergab hatte ich Angst, da wir nur sehr einfache Bremsen hatten. Unterwegs hatten wir ausgiebig Rast gemacht, denn ich wollte so schmutzig wie wir geworden waren nicht bei Helligkeit in Pforzheim ankommen. Zwei schlimme Pannen hat es auf der Fahrt gegeben: Das eine Mal war die Benzinleitung verstopft - da hat meine Hutnadel geholfen. Das andere Mal war die Zündung entzwei. Das habe ich mit meinem Strumpfband repariert. So habe ich als erste gezeigt, daß dem ‚Papa' sein Automobil auch für weite Strecken gut ist. Und auf meinem Vorschlag hat er dann noch einen dritten Gang eingebaut für die Bergfahrten. Und den haben heute alle Autos auf der Welt - da bin ich sehr stolz darauf! […]" (Automuseum o.J.).

Die Unterschiede zwischen einem narrativen, d.h. erzählenden Kommunikationsmodus, zu anderen Modi wie Beschreiben, Bewerten oder Erklären soll nun im Folgenden erläutert werden (László 2008, S. 1; Lünenborg 2005, S. 123ff.; Lucius-Hoene & Deppermann 2004, S. 141ff.; Bal 2009, S. 31ff.):

1. Beschreiben

Wenn etwas beschrieben wird, werden dafür bestimmte Eigenschaften herangezogen, um den Sachverhalt näher zu charakterisieren (vgl. Bal 2009, S. 36), z.B. kann ein Unternehmen als Start-Up, mittelständisch oder börsennotiert beschrieben werden.

2. Bewerten

Beim Bewerten geht man über die Beschreibung hinaus und beurteilt anhand von Werten, ob etwas gut oder schlecht ist, z.B. kann ein Unternehmen als mitarbeiterfreundlich oder mitarbeiterunfreundlich, innovativ oder traditionell bewertet werden. Auf dem Kapitalmarkt werden z.B. Aussagen getroffen, ob anhand von betriebswirtschaftlichen Kennzahlen eine Aktie im Vergleich zu der Konkurrenz fair, über- oder unterbewertet („billig" oder „teuer") ist.

3. Erklären

Beim Erklären werden „zwischen verschiedenen Eigenschaften eines Objektes oder zwischen unterschiedlichen Objekten kausale Zusammenhänge hergestellt." (Krüger 2017, S. 100). Diese beruhen nicht auf Willkür, sondern auf logischen Gesetzmäßigkeiten. So basieren z.B. „Unternehmenserfolge ausdrücklich auf logische[n] und zwangsläufige[n] Ursachen wie Marktentwicklungen oder Unternehmensunterscheidungen." (ebd. S. 100f.). Sinkende Zinsen können z.B. die Ursache (Kausalität) für den Erfolg bei Bauunternehmen sein, weil die Kredit-Finanzierung billiger wird und die Leute mehr Eigenheime bauen wollen.

4. Erzählen

Beim Erzählen werden im deutlichen Unterschied zu den anderen Kommunikationsmodi „i.d.R. keine expliziten Zuschreibungen und Bewertungen vorgenommen und keine kausalen Zusammenhänge behauptet." (ebd., S. 101). Als Kausalität wird hier lediglich die zeitliche und logische Reihenfolge der Ereignisse vorausgesetzt, sodass „Bewertungen von Akteuren und Ereignissen sowie Schlussfolgerungen und das Herstellen von Zusammenhängen in viel stärkerem Maße den Rezipienten überlassen" (ebd.) werden.

Wichtig ist jedoch zu beachten, dass z.B. innerhalb von Mitteilungen die Modi Beschreiben und Bewerten grundlegenden Mitteilungsweisen entsprechen, sodass beide Modi sowohl in Mitteilungen mit überwiegend argumentativem als auch bei solchen mit überwiegend narrativem Charakter vorkommen (vgl. ebd.). Doch sie unterscheiden sich in jenem Aspekt, das von grundlegend verschiedenen Realitätsvorstellungen ausgegangen wird (vgl. Bruner 1986, 2002), die sich anhand mehrerer Dimensionen differenzieren lassen (Abbildung 15 und 16).

Im Modus der Argumentation wird etwas abstrakt und allgemeingültig erklärt, im Modus der Narration dagegen basiert die Darstellung auf konkreten Beispielen in Form von Handlungen und Ereignissen (vgl. Krüger 2017, S. 101). Das hat, wie bereits soeben aufgeführt, enorme Auswirkung auf den Aspekt der Kausalität. Dieser wird beim Argumentieren „auf Grundlage anerkannter Gesetzmäßigkeiten verallgemeinert, wohingegen Kausalitäten bei der Erzählung oft unausgesprochen bleiben." (ebd.). Auch die Funktionen unterscheiden sich: Durch Argumentation sollen Fakten, Ergebnisse und Ursachen kommuniziert werden – durch Erzählen soll durch Personen und Ereignisse ein Entstehungsprozess aufgezeigt werden.

Kommunikationsmodus	Merkmale der Mitteilung	Beispiel einer Mitteilung
beschreibend (deskriptiv)	Zuschreibung von Eigenschaften zu einem Objekt	Das Unternehmen X ist ein mittelständischer Automobilzulieferer.
bewertend (evaluativ)	Bewertung von Eigenschaften eines Objektes	Das Unternehmen X ist ein besonders innovativer und weltweit führender Automobilzulieferer.
erklärend (argumentativ)	Behauptung logischer Zusammenhänge zwischen den Eigenschaften eines Objektes	Das Unternehmen X ist aufgrund modernster Fertigungstechnik besonders leistungsfähig.
erzählend (narrativ)	Wiedergabe einer zeitlich und kausal geordneten Ereignisfolge mit dem Objekt als Akteur	Das Unternehmen X war in Schwierigkeiten. Seitdem die Geschäftsführung in neue Fertigungsanlagen investiert hat, ist es wieder wettbewerbsfähig.

Abbildung 15: Tabelle Kommunikationsmodi, Quelle: Krüger 2017, S. 79.

	argumentativ	narrativ
Reichweite	abstrakt/allgemein	konkret/beispielhaft
Mitteilungsinhalt	Ergebnisse	Prozesse
Sinnvorschlag	explizit	implizit
Hauptelemente	Fakten und Argumente	Personen und Ereignisse
Verknüpfung	deduktiv/logisch	induktiv/lebensweltlich

Abbildung 16: Argumentatives und narratives Paradigma, Quelle: Krüger 2017, S. 80.

Der Begriff einer „guten Story" ist allgemein bekannt und entspricht bei Journalisten ihrer alltäglichen Berufspraxis. Für den Leser müssen Storys gefunden werden, sodass zahlreiche narrative Textsorten (z.B. Reportage oder Feature) im Journalismus zu finden sind. In Abbildung 17 wird eine narrative Reportage einer klassischen Zeitungsnachricht gegenübergestellt. Besonders fällt auf, dass bei der narrativen Reportage Fakten anhand von Einzelschicksalen induktiv hergeleitet werden, um aus dieser Perspektive langsam zur Hauptaussage hinzuführen, während bei der klassischen Nachricht alle weiteren Aussagen von der direkt zu Anfang genannten Hauptaussage deduktiv abgeleitet werden.

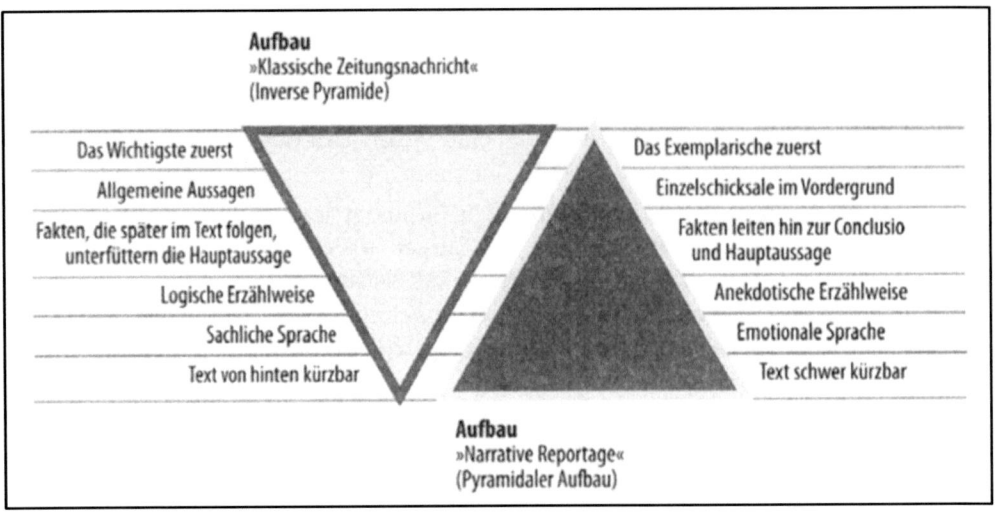

Aufbau
»Klassische Zeitungsnachricht«
(Inverse Pyramide)

Das Wichtigste zuerst

Allgemeine Aussagen

Fakten, die später im Text folgen,
unterfüttern die Hauptaussage

Logische Erzählweise

Sachliche Sprache

Text von hinten kürzbar

Das Exemplarische zuerst

Einzelschicksale im Vordergrund

Fakten leiten hin zur Conclusio
und Hauptaussage

Anekdotische Erzählweise

Emotionale Sprache

Text schwer kürzbar

Aufbau
»Narrative Reportage«
(Pyramidaler Aufbau)

Abbildung 17: Nachricht versus narrative Reportage, Quelle: Sammer 2014, S. 108.

Der Aufbau einer narrativen Reportage ähnelt in seiner Form dem Storytelling. Auch dort wird anhand einer Einzelgeschichte die Werbebotschaft übermittelt, z.B. indem Kunden als Helden eingesetzt werden, „deren Kontakt oder Beziehung zu dem Produkt, der Marke oder dem Unternehmen emotional erzählt wird." (Schach 2016, S. 14).

Weitere Merkmale sollten beim Storytelling neben der Handlung (Raum, Zeit) und den Figuren hinzukommen: „eine klare Thematik, eine Erzählinstanz, das Vorkommen von Rede und die Verwendung von Stilelementen, um den stilistischen Ausdruck mit dem Erzählten in Einklang zu bringen." (Ettl-Huber 2014, S. 16). Um Geschichten besonders wirkungsvoll zu konzipieren, können noch sogenannte „narrativitätssteigernde Elemente" (Bilandzic und Kinnebrock 2006, S. 115) genutzt werden, wie beispielsweise „binäre Konzepte, wie Leben und Tod, Krieg und Frieden." (Wenzel 2004, S. 16). Weitere Arten solcher Elemente nennt Ettl-Huber:

> „Man spricht hier auch von ‚narrativitätssteigernden Elementen', wie nachhaltige Ereignisse, Einzigartigkeit, Konflikthaltigkeit, Faktualität (Glaubwürdigkeit), Spezifizität (die präzise zeitliche und räumliche Verortung), Handlungsverläufe (Handlungsalternativen der ProtagonistInnen werden aufgezeigt), Handlungsakzentuierung (Geschehen wird an den Handlungen der Figuren beschrieben), Entwicklung und Wandel der Figuren sowie Kohärenz und Kausalität zwischen Einzelereignissen, Struktur (Aufbau, Genrenähe, Affektstrukturen durch Überraschung und Spannung) und Darstellung (szenische Elemente, kunstfertiger Erzählstil)." (Ettl-Huber 2017, S. 93).

Werbekampagnen im Storytelling-Stil bedienen sich jedoch nicht an allen diesen Elementen: während z.B. der Image-Spot von Lidl „Was gut ist" (2015) durchgehend von einer Erzählinstanz begleitet wird, kommt der Muttertags-Spot von Nivea „Mama du bist immer für mich da" (2018) mit einem einzigen Wort aus: „Mama" (das im Verlauf neun Mal wiederholt wird). Der Spot von Ikea Spanien „Start Something New: The unlimited potential of a chair"

(2013) lässt eine Geschichte fast ausschließlich durch Bewegtbilder und den Verzicht auf Rede entstehen – lediglich an einigen Stellen werden die Bilder „lebendig" und im Hintergrund kommen einzelne Personen leise zu Wort.

Somit lässt sich für den Einsatz einer Erzählinstanz im Storytelling festhalten, dass die Handlung entweder von einer diese stets begleitenden Erzählinstanz *und* Bewegtbildern entfaltet werden kann oder aber auch die Erzählinstanz so minimal und reduziert zum Einsatz kommt, dass eine Handlung *allein* durch die kraftvollen kausal zusammenhängenden Bewegtbilder entstehen kann.

3.3.2 Figuren und Archetypen

Dreh- und Angelpunkt einer jeden Storytelling-Kampagne sind die Figuren. Der Grund dafür ist, dass sich die Zuschauer, bzw. die anvisierten Kunden, mit ihnen identifizieren und durch diese zum Nachdenken anreget werden sollen. Die Figur soll „Bedürfnisse zu erkennen [geben] und einen Weg […] finden, diese zu stillen" (Femers-Koch & Molthagen-Schnöring 2018, S. 199). Sie sind der Grund für die Momente der Überraschung, für die Wendepunkte der Handlung und zuständig dafür Probleme zu lösen (vgl. ebd.).

Dabei ist zu beachten, dass es sich keineswegs ausschließlich um Siegertypen handeln muss – die Hauptfigur kann ebenso ein sogenannter *Antiheld* sein. Obwohl sie zu anfangs „schwach erscheinen, [können sie] trotzdem groß und stark agieren." (ebd.). Bezogen auf ein Unternehmen können genauso gut neben dem Geschäftsführer (vgl. Herbst 2014, S. 93ff.) alleinerziehende Mütter mit einer ausgesprochenen Work-Life-Balance oder auch ein Mitarbeiter mit einer Querschnittslähmung, „der im Rollstuhl seinen Berufsalltag meistert und durch seine Forschungen einen wichtigen Beitrag für das Unternehmen und die Gesellschaft leistet" (Femers-Koch & Molthagen-Schnöring 2018, S. 199), in den Mittelpunkt der Geschichte rücken.

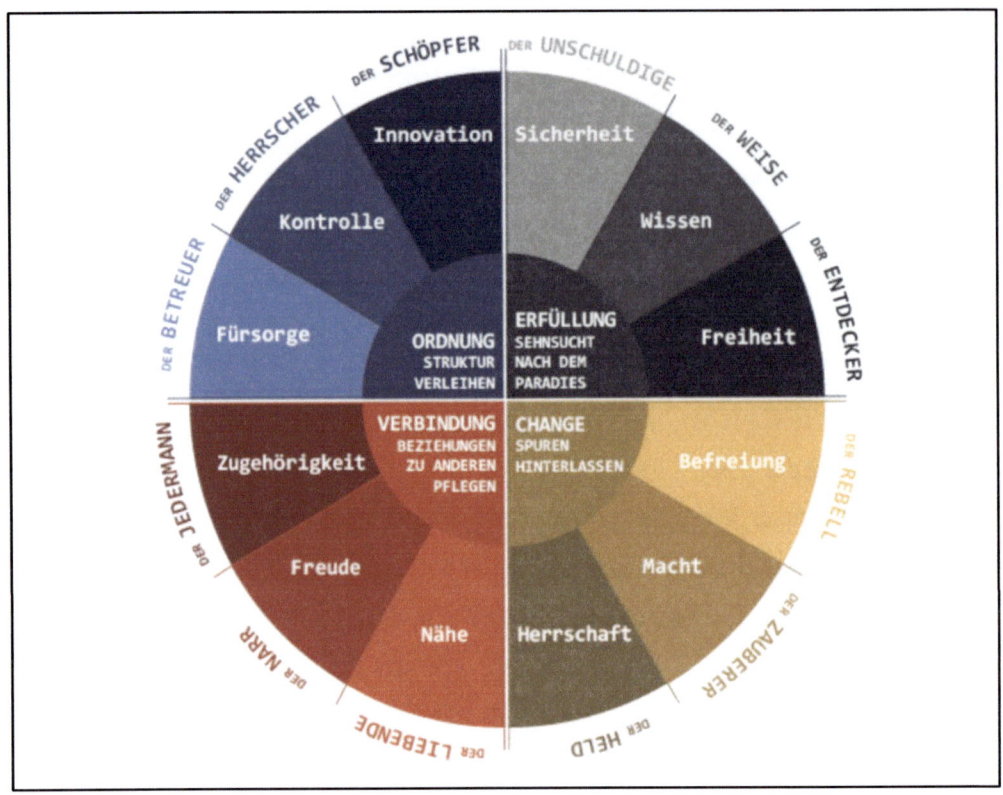

Abbildung 18: Mögliche Archetypen im Storytelling, Quelle: Pyczak 2017, o.S.

Die Personen, bzw. Figuren repräsentieren sodann bestimmte Archetypen, die Kunden als bewundernswert, sympathisch, lustig etc. bewerten. Es gibt mehrere Theorien dazu, welche Ausprägungen von Archetypen existieren und was sie repräsentieren. Pearson nennt folgende zwölf Typen in ihrer Typologie (Abbildung 18): Schöpfer, Beschützer (bzw. Fürsorgliche), Herrscher, Helden, Rebellen, Magier, Durchschnittstypen, Genießer (bzw. Liebhaber), Narren (bzw. Spaßvögel), Unschuldige, Entdecker und Weise (vgl. Feige 2007, S. 144). Je nach Zielpersonen fühlen diese sich von den jeweiligen Archetypen hochgradig, mittelmäßig oder nur sehr abgeschwächt bis gar nicht angezogen, denn Menschen leben persönlich selber diese archetypischen Verhaltensweisen (vgl. ebd.). Somit stehen nach Pearson diese Archetypen „für universale psychologische Strukturen, die in allen Kulturen und Epochen für unsere Entscheidungen relevant sind [und] spiegeln sich wider in Kunst, Literatur, Mythen, Träumen und Symbolen." (ebd.).

„Die tiefenpsychologische Forschung geht davon aus, dass diese Archetypen im kollektiven Unbewussten existieren und je nach Lebensphase und Reife, aber auch je nach Lebenssituation unser Denken, Handeln und unsere Wünsche unterschiedlich beeinflussen. Beispielsweise sehnt sich eine Kultur in der Phase des Übergangs eher nach den Archetypen des Herrschers und Entscheiders beziehungsweise nach einer starken Führungspersönlichkeit, die für Stabilität und Ordnung sorgt. Auf der anderen Seite sucht ein Mensch (oder eine Kultur), der mit sich selbst unzufrieden ist und dem Erstarrung oder Stagnation droht, eher den Archetypus des Kreativen. Eine Kultur in dieser Situation sehnt sich nach dem Zauberer, der eine bessere Welt für sie erschafft, oder nach einer liebenden Figur, die sie auf diesem Weg begleitet". (Feige 2007, S. 144f.).

Figuren müssen jedoch nicht notgedrungen Personen darstellen. Genauso können Produkte oder Tiere als Identifikationsfiguren dienen. Da wäre z.B. der Abenteuer erlebende Held *Lurchi* – „1937 geboren als Comic-Werbeträger für Salamander-Schuhe" (Renz 2009, o.S.). Edeka (2013) schickte in Kooperation mit WWF einen Panda auf Weltreise, um ihn im Einsatz für Nachhaltigkeit zu zeigen und somit wiederum auf die Nachhaltigkeit ihrer Produkte hinzudeuten. Auch das Tochterunternehmen von Edeka, Netto (2016), nutzt sogenannten *Cat-Content* für ihr Video, in dem Katzen zu sehen sind, die wie Menschen mit Einkaufswagen durch den Supermarkt schlendern. Die Lack- und Farbenfabrik Wörwag stellen Produkte, nämlich die Farben, in den Mittelpunkt ihrer Geschichten. In der Kundenzeitschrift *finishextra* ist in einem Essay über die Farbe Schwarz zu lesen:

„[…] Bis jetzt war alles so schön bunt in diesem Magazin. Höchste Zeit also, sich um die Farbe zu kümmern, die es nie in den Regenbogen schaffen wird. Die deshalb für viele überhaupt keine Farbe ist. […] Kaum eine andere ruft so starke Gefühle hervor wie Schwarz. Psychologen wittern dahinter steinzeitliche Existenzängste. […] Wir möchten gar nicht wissen, wie hoch da die Dunkelziffer ist. Dann wäre black gar nicht mehr beautiful. Ist es aber, zumindest für Coco Chanel […]. So ist das berühmte kleine Schwarze entstanden […] Und Henry Ford, der halb Amerika mobilisierte, steht für die ganze Konsequenz, mit der Schwarz verbunden wird: ‚Jeder Kunde kann sein Auto in einer beliebigen Farbe lackiert bekommen – sofern sie schwarz ist.' Alles (auch) eine Frage des Glaubens. Mit Schwarz macht man nichts falsch. Schwarz macht schlank. Schwarz ist Eleganz ohne Risiko. […] Obsidianschwarz Metallic liefert Wörwag seit vielen Jahren für die verschiedenen Mercedes-Benz Modelle der E-Klasse." (Brümmer 2014, S. 22).

Ikea Singapur hat dagegen den Ikea-Katalog in den Mittelpunkt ihres Spots „Experience the power of a bookbook" (2014) gestellt und in einer typischen Apple-Manier inszeniert und Apple auf diese Weise parodiert. Zuletzt nahm sich ebenso der jüngst verstorbene Literaturkritiker Karasek des Möbelhauskatalogs in Auftrag von Ikea (2015) an und beschrieb ihn in einer ironischen Rezension als „möblierten Roman". Er beginnt den Spot mit folgender Feststellung: „Eigentlich ist es ein Skandal, dass das meistverbreitete Buch mit einer Auflage von sage und schreibe fast 220 Millionen Exemplaren nie rezensiert wurde" (Ikea 2015). Er liest daraus eine Passage vor, wo die Produkte mit kurzen narrativen Texten versehen wurden:

„Gähn, raus aus den Federn. Ein Nest aus sanften Textilien. Der Tag startet mit einem Gutenmorgenkuss der Sonne [*Anm. Karaseks: ‚Dies erscheint mir sehr idyllisch, wenn ich an mein persönliches Aufwachen denke‘*]. Die Batterien sind aufgeladen. Körper und Geist sind erfrischt. Wir blinzeln mit den Augen [*Anm. Karaseks: ‚Eine komische Formulierung, mit was soll man sonst blinzeln?‘*] und erwachen langsam aus dem Schlaf. Nur einen Moment lang dösen und in diesem flauschigen Bett kuscheln. Es ist so verlockend noch etwas liegen zu bleiben.“ (Ikea 2015).

Ob Mensch, Tier oder Produkt: Betrachtet man starke Marken, denen die Etablierung einer eindeutigen, attraktiven und differenzierenden Positionierung zuzuschreiben ist, wird deutlich, welche Rolle Identifikationsfiguren in der Marketingkommunikation und beim Markenbranding spielen. Was wäre z.B. wenn der Bärenmarke-Bär nicht länger auf den Bergwiesen herumspringen würde oder die Marke Milka die lila Kuh abschaffen würde? Wer putzt bei Meister Proper die dreckigen Flächen, wenn nicht der glatzköpfige Mann? Wäre Vaillant auch ohne ihr berühmtes Logo mit dem Hasen zu einer auffälligen und leicht wiedererkennbaren Marke geworden?

3.3.3 Handlung und Masterplots

Neben den Figuren, die bestimmten Archetypen zuzuweisen sind, gibt es auch Muster, sogenannte Plots, bzw. Masterplots, die auf typische Handlungsstränge zurückzuführen sind und sich für bestimmte Geschichten bewährt haben. So folgt z.B. ein Krimi anderen Plots als eine Liebeskomödie oder ein Science-Fiction Roman. Masterplots bilden den Rahmen der Handlung und zeigen verschiedene Stationen und Momente auf, die die Figur in der Geschichte erlebt. Im Folgenden wird auf zwei typische Masterplots beim Storytelling eingegangen. Aufgrund der Nutzung dieser Erzählmuster ähneln manche Storytelling-Videos in ihrer Form an ca. zweiminütige *Blockbuster* (vgl. Esders 2014, S. 18).

Viele klassische Storytelling-Kampagnen, aber auch Bücher und Filme, folgen dem *Drama* nach Aristoteles, dessen Entstehung auf ca. 335 v. Chr. datiert wird. Abbildung 19 zeigt den klassischen Dramenaufbau nach Freytag (2012) in Anlehnung an das aristotelische Drama. Es besteht im Groben aus drei Teilen – Anfang (Einleitung), Mitte (Höhepunkt) und Ende (Katastrophe/Lösung). Zu Anfang wird ein Held vorgestellt, der sofort eine Aufgabe bekommt, die er gegen Widerstände und evtl. auch gegen Widersacher zu lösen versucht (Mitte). Das Ende zeigt sodann ein Happy End oder das Scheitern der Hauptfigur.

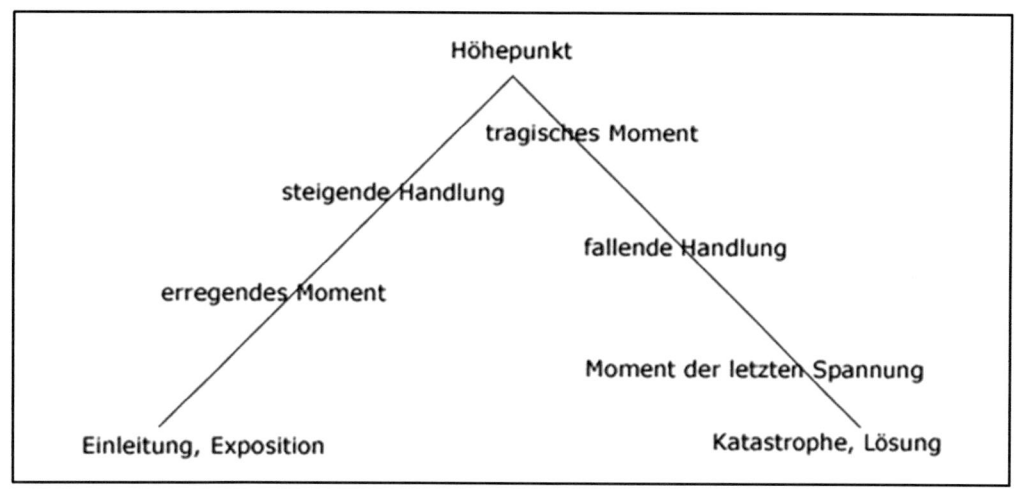

Abbildung 19: Klassischer Dramenaufbau, Modell nach Freytag, Quelle: BR/Gustav Freytag 2015.

Bei dem bereits erwähnten Nivea-Spot „Mama, du bist immer für mich da" (2018) lässt sich dieser Handlungsstrang exemplarisch veranschaulichen. Die Hauptfigur ist ein Junge, der ab der Geburt dabei gezeigt wird, die Strapazen des Erwachsenwerdens zu meistern. Es werden einschneidende Ereignisse aus seinem Leben gezeigt, wo er nach seiner Mutter ruft, bis es zu einem Anruf von Sohn an die Mutter kommt. Es sind Sirenen zu hören und es regnet stark – die Situation erscheint dem Zuschauer so, als ob die Hauptfigur in Schwierigkeiten sei. Doch sie wird am Ende aufgelöst, es ist nichts Schlimmes passiert, sondern im Gegenteil: Der Sohn ist Vater geworden und er wollte seiner Mutter lediglich Bescheid geben, dass sie schnell ins Krankenhaus kommen soll.

Das „kommerziell erfolgreichste Narrativ" (Esders 2017, S. 200) in Storytelling-Kampagnen ist die sogenannte *Heldenreise*, deren Entdeckung auf den Mythenforscher Joseph Campbell im Jahre 1949 zurückgeht. Viele Texte greifen sie auf oder wandeln sie um. Bekannte Beispiele sind „Der Krieg der Sterne" oder „Der Herr der Ringe".

Im Unterschied zum Drama von Aristoteles fällt auf, dass hier die Handlung einem kreisförmigen Verlauf entspricht (Abbildung 20). Für die Handlung bedeutet das, dass die Figur verändert zum Anfang zurückkehrt. Meistens wird die Hauptfigur am Anfang dazu aufgerufen, ein bestimmtes Abenteuer zu erleben oder eine Sache zu erfüllen, ohne dass sie es selber unbedingt möchte. Irgendwann trifft sie unerwartet auf einen Mentor, der Tipps für die Reise gibt. Denn die Mission erfordert besondere Heldentaten, da sie nicht in der realen Welt stattfindet, sondern in einer anderen unbekannten (bzw. fiktiven) Welt. Es warten Gegner und Aufgaben auf die Figur und auch der Weg zurück zum Anfangspunkt wird erzählerisch entfaltet. Oft kommt die Figur mit einer Belohnung (Elixier) zurück, das die Missstände in der bekannten Welt zu lösen im Stande ist.

„Der Heros verlässt die Welt des gemeinen Tages und sucht einen Bereich übernatürlicher Wunder auf, besteht dort fabelartige Mächte und erringt einen entscheidenden Sieg, dann kehrt er mit der Kraft, seine Mitmenschen mit Segnungen zu versehen, von seiner geheimniserfüllten Fahrt zurück." (Campbell 2011, S. 42).

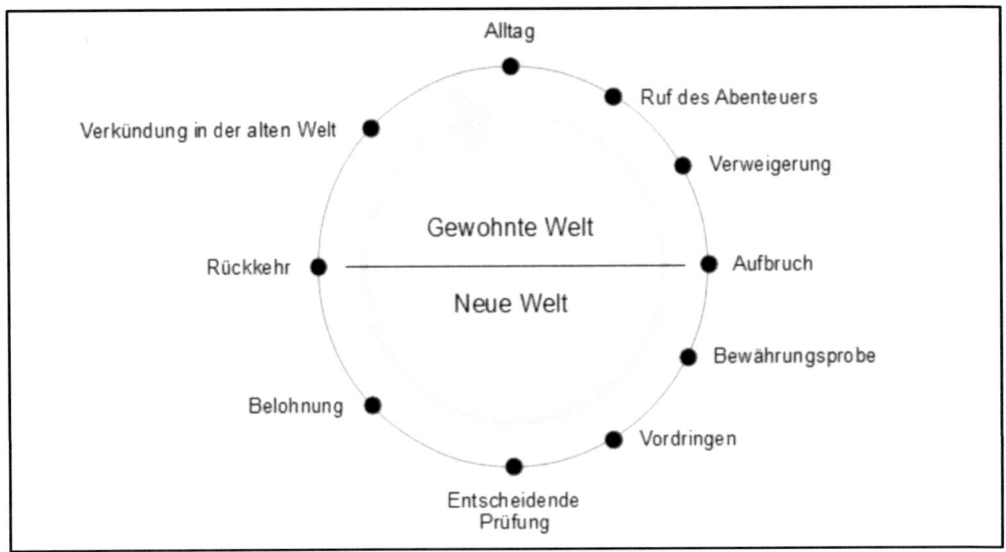

Abbildung 20: Die Heldenreise, Quelle: Sammer 2014, S. 93.

Dieser Handlungsstrang wurde z.B. bei dem bereits erwähnten Ikea-Spot „Start Something New: The unlimited potential of a chair" (Ikea 2013) angewendet. Am Anfang wird gezeigt, wie ein alter Mann jeden Tag in den Park geht und sich auf die gleiche Bank zu den anderen alten Herren setzt und, wie sie gemeinsam die Tauben füttern. Eines Tages war kein Platz mehr auf der Bank. Er wurde also dazu gezwungen, sich einen neuen Platz zu suchen. Er brachte seinen Ikea-Klappstuhl mit und setze sich neben seine Kollegen. Doch schnell merkte er, wie langweilig ihre Routine war und dass dieser Stuhl (hier: das Elixier) ihm neue Möglichkeiten eröffnete, da man ihn überall hinstellen kann. Bald bereist er mit ihm die ganze Welt und erlebt dabei tolle Abenteuer. Die Herausforderung ist in diesem Spot das fortgeschrittene Alter des Mannes – doch dieses bereitet ihm immer weniger Probleme, sodass er sogar seinen Krückstock hinter sich lässt und sich dafür ein Stuhl-Motiv in den Oberarm tätowieren lässt. Am Ende kehrt er zu seinen Kollegen im Park zurück – mit einem offensichtlich mehrfach reparierten Stuhl – einem Stuhl, der viel erlebt hat. Er überlässt ihn den anderen Herren, damit sie es ihm gleichtun können.

3.4 Psychologische Wirkmechanismen von Geschichten

Der Grund dafür, dass Geschichten rund um die Marke beim Konsumenten wirken, ist primär die Beschaffenheit des Gehirns. Im Gegensatz zu reinen Informationen sprechen Geschichten, weil sie Emotionen und Vorstellungsbilder auslösen, „beide Gehirnhälften gleichermaßen" (Arnoldy 2016, S. 25) an. Geschichten sind in der Lage, rationale Bewertungsmechanismen des Menschen regelrecht auszuschalten, sodass das Gesehene und Gehörte auf direktem Wege unbewusst verarbeitet wird (vgl. Gálvez 2014, S. 12f.). Somit vermögen sie, „Überzeugungen und Einstellungen bei ihrer Zielgruppe zu verändern, Perspektiven umzudrehen und Leidenschaft auszulösen." (Arnoldy 2016, S. 25).

Zwei Aspekte sorgen insbesondere dafür, dass der Mensch eher dazu bereit ist, Werbung in Form von Geschichten (vgl. Gálvez 2014, S. 10) anstatt offensichtlicher, Produkte anpreisender Werbung zu konsumieren. Sie sind einerseits unterhaltend, sodass es für den Zuschauer angenehm und leicht ist, sie zu verstehen und andererseits stillen sie das grundlegende menschliche Bedürfnis, Dinge selbst nachzuvollziehen und mitzuerleben (vgl. Arnoldy 2016, S. 25). Aufgrund der „Gelegenheit, Gewohntes aus einer ungewöhnlichen Perspektive zu sehen" (Gálvez 2014, S. 9) fühlt der Zuschauer mit und bleibt daher auch mit voller Aufmerksamkeit beim Thema (vgl. Spath & Foerg 2006, S. 120f.).

3.4.1 Gehirngerechte Kommunikation durch Muster und Bilder

Erfahrungsgemäß gibt es zwei Möglichkeiten sich Dinge zu merken – entweder auf Grundlage von stupidem Auswendiglernen oder dem eigenen Ableiten von etwas (z.B. durch sogenannte *Eselsbrücken*) (vgl. Arnoldy 2016, S. 25). Im Falle vom Merken reiner Informationen reicht meist die erste Methode. Wenn jedoch der Sachverhalt komplexer wird, werden andere Methoden, wie u.a. Geschichten dafür benötigt. Da Geschichten, wie in Kapitel 3.2.1 ausgeführt, kausale Strukturen und somit Muster zugrunde liegen, können die Informationen verknüpft und erinnert werden (vgl. Fuchs 2009, S. 19f.). Bei dieser zustande gekommenen Bildhaftigkeit wirken Informationen wie ein „Lernturbo" (Löhr 2015, S. 2). Siegfried Lenz sagte 1970: „Ich bekenne, ich brauche Geschichten, um die Welt zu verstehen." (Lenz 1970, S. 131).

Es ergeben sich verschiedene Vorteile von Geschichten, bzw. Vorstellungsbildern: „Sie werden schneller wahrgenommen, regen stärker an, werden leichter verarbeitet, langfristiger erinnert [und] sprechen verschiedene Sinne an." (Arnoldy 2016, S. 26). Dadurch, dass sie eine leichtere Aufnahme von Informationen ermöglichen, wird auch die Wirkung von Bildern zur Komplexitätsreduktion deutlich (vgl. Herbst 2014, S. 61f.).

„Geschichten sind offenbar eine höchst ökonomische Art, mit der Komplexität der Welt umzugehen. Sie setzen unterschiedliche Akteure in einer spannenden, die Emotionen … fesselnden und daher gut merkbaren Form zueinander in Beziehungen … Sie integrieren in einzigartiger Weise kognitive und emotionale Schemata und werden so zu einem der wichtigsten Interpretationsrahmen, die wir als Menschen zur Deutung unserer Erfahrungen verwenden." (Simon 2004, S. 179)

Wenn man zudem bedenkt, dass die Aufnahme von Informationen beim Menschen zu 80 Prozent visuell geschieht und Bilder in hohem Maße bei der Orientierung in der Umwelt eine Rolle spielen, ist der schnellere Effekt der Aufnahme von Informationen durch Geschichten nicht verwunderlich (vgl. Arnoldy 2016, S. 26). Dabei ist es irrelevant, ob eine Geschichte gehört, gelesen oder auch gesehen wird – ein chinesisches Sprichwort besagt: „Eine gut erzählte Geschichte macht aus den Ohren Augen." (ebd.).

3.4.2 Aktivierung von Emotionen und Kaufimpulsen

„Auch wenn man Botschaften hundertmal wiederholt, werden sie nicht beachtet, sofern sie nicht in der Lage sind, einen emotionalen Eindruck zu hinterlassen. Dies gilt für alle Vorschriften, Hinweise, Lustquellen, Nachrichten – sie werden so lange ohne Wirkung bleiben, solange sie nicht gleichzeitig mit einem ‚affektiven Stempel' oder ‚Imprint' versehen werden." (Knieper & Müller 2001, S. 119).

Wie im obigen Zitat deutlich wird, lassen sich im Großen und Ganzen zwei Möglichkeiten hinsichtlich der Intensität der Werbewirkung unterscheiden. Entweder können ständige Wiederholungen die Verankerung der Marke in den Köpfen der Konsumenten hervorrufen – was Knieper und Müller anzweifeln – oder es wird versucht, durch einen „affektiven Stempel" Nachfrage zum Produkt herzustellen. So wird z.B. der Chevrolet „zu einem Auto, mit dem man sich Kindheitsträume verwirklichen, den Zwängen der Umwelt entfliehen und seinem Rennfahrerherz frönen kann." (Kroeber-Riel & Esch 2000, S. 42). Als Resultat erinnern sich Konsumenten besser an Unternehmen und deren Botschaften und schreiben ihnen einen höheren emotionalen Wert zu (vgl. Herbst 2014a, S. 7). Dass Emotionen Kaufentscheidungen und Verhalten beeinflussen, basiert darauf, „dass im limbischen System, einem Areal des Gehirns, eine Art emotionale Bewertung jeder zugeführten Emotion stattfindet." (Arnoldy 2016, S. 25). Sogar vermeintlich rational gefällte Entscheidungen sind laut Forschungen nicht auf Fakten und Argumente zurückzuführen, sondern auf emotionale Bewertungen (vgl. ebd.). So erklärt Karmasin die eigentliche Kaufmotivation wie folgt: „Das wahre Motiv lautet: Du willst es, Du musst es haben, es ist wunderbar. Das legitimierende Motiv lautet: Du brauchst es, es ist notwendig und sinnvoll." (Karmasin 1993, S. 63).

„Sobald wir jedoch auf Rezipienten stoßen, die unkonzentriert, kritisch, verschiedener Meinung, aber auch flüchtig oder gar uninteressiert sind – und dies ist meistens der Fall – dann stößt rationale Persuasion an ihre Grenzen. Schon lange hat die Persuasionsforschung nachgewiesen, dass emotionale Überzeugung durch Geschichten weit effizienter und erfolgreicher ist als die pure Aufzählung von Daten und Fakten." (Sammer 2014, S. 6).

Weil Geschichten „auf eine tiefere, emotionale Ebene einwirken, werden sie schlichtweg nicht hinterfragt." (Arnoldy 2016, S. 27). Denn eine Geschichte trägt „oftmals so viel Persönliches in sich" (ebd.), dass sie „in den Köpfen der Zielgruppe sehr glaubwürdig [erscheint] und [...] Vertrauen zum Absender [schafft]." (ebd.). So wird dem Zuschauer das Gefühl gegeben, „einen Einblick hinter die Fassade zu erlangen" (ebd.), sodass er sich integriert und zugehörig fühlt. Auf diesem Wege können durch Geschichten Einstellungen von Menschen konditioniert werden (vgl. Wirth & Kühne 2013, S. 315). Als Einstellung wird eine „zeitlich relativ stabile, durch Informationsverarbeitungs- und Lernprozesse erworbene Bereitschaft, in positiver oder negativer Weise auf eine bestimmte Klasse von Objekten [...] zu reagieren" (ebd.) bezeichnet.

Dabei spielt es keine Rolle, ob Geschichten der Fiktion entsprechen oder auf wahren Begebenheiten beruhen. An dem Beispiel der Harry Potter-Manie lässt sich zeigen, wie starke Kaufimpulse und besondere Konsumerlebnisse von Geschichten ausgehen können: Nach dem Erscheinen des Romans ließ sich eine verstärkte Nachfrage von Kindern nach Eulen als Haustiere verzeichnen (vgl. Krischke 2015, S. 20). Das ist natürlich nicht auf die Absicht des Romans zurückzuführen, doch zeigt dieses Beispiel, dass „eine Geschichte [den] Menschen ein Motiv für ihr Handeln gab." (Arnoldy 2016, S. 28).

3.4.3 Entertainment, Flow-Gefühl und Immersion

Mit Blick auf eine Studie von Microsoft aus dem Jahre 2018, die die durchschnittliche Konzentrationsspanne von Internet-Usern auf acht Sekunden schätzt, wird ersichtlich, weshalb es für Marketingfachleute eine Herausforderung darstellt, die Aufmerksamkeit sowohl von Konsumenten als auch Mitarbeitern zu erlangen (vgl. Sammer 2017, S. 16). Aus diesem Grund greifen sie u.a. auf Geschichten zurück, denen es trotz Informationsüberfluss gelingt – ähnlich wie bei Romanen, Filmen und auch Fernsehserien – „ihr Publikum weit über die 8-Sekunden-Schwelle in ihren Bann zu ziehen." (ebd.).

Sobald jene Geschichten die Rezipienten derart „fesseln", „versinken" sie – bildlich gesprochen – in der Rezeption. Der Glücksforscher und Professor der Psychologie Mihály Csíkszentmihályi, nennt dieses Phänomen *Flow* (vgl. Csíkszentmihályi 2018, S. 1). Es drückt „das vollkommene Eintauchen in eine Tätigkeit, ein Vergessen von Zeit und Raum in kompletter

Konzentration" (Sammer 2017, S. 16) aus, was zum Beispiel oft „Sportler während der Aus-übung ihres Sports, aber auch Hobbygärtner während ihrer Arbeit im Garten" (ebd.) spüren.

Wer als Unternehmen die Strategie des Storytellings nutzt, beabsichtigt somit Konsumenten so tief wie möglich in das Erzählte hineinzuziehen und einen Zustand der Kontemplation aus-zulösen. Dadurch „wird für ihn eine Erlebniswelt generiert, in der sie sich besser zurechtfin-den und Botschaften besser internalisieren können." (Arnoldy 2016, S. 27). Darüber hinaus wird die eigene Phantasie aktiviert und die Unterhaltung als Entspannung empfunden – auch auf diesem Wege können Beeinflussungspotenziale verkannt werden (vgl. Mangold 2002, 42ff.). Dabei gilt, dass eine packende Geschichte zwar nachvollziehbar sein muss, aber nicht vorhersehbar sein sollte, um für Überraschungsmomente und Faszination zu sorgen.

1992 beschrieben Wissenschaftler erstmals, dass eine beobachtete Handlung neuronal durch den Betrachter nachvollzogen wird (vgl. Di Pellegrino et. al. 1992, S. 176ff.). Darüber hinaus löse es beim Beobachter sogar ein Gefühl aus, als würde er die Handlung selbst ausführen. Theoretiker aus den Bereichen Gaming und Virtual Reality nennen dieses Phänomen *Immer-sion*, das so viel bedeutet wie das „Eintauchen" in die virtuelle Welt.

> „Immersion kann in diesem Kontext als konkreter leiblicher oder rein imaginativer Akt des Hineintretens in ein Medium verstanden werden. Sie muss folglich als eine Bewe-gung oder ein Übergang in den Raum des Bildes hinein definiert werden. [...] Jeder dieser medialen Akte ist als eine Realisierung des Virtuellen oder Fiktiven in unsere alltägliche Wirklichkeit hinein zu verstehen [...], die sich im Erleben des Medialen konkret auf den Rezipienten oder Partizipierenden auswirkt." (Herbst & Musiolik 2017, S. 52).

Nach Herbst und Musiolik (2017, S. 52f.) lässt sich zwischen drei Formen der Immersion differenzieren:

1. Technische Immersion

Anhand von z.B. Head-Mounted Displays und Datenanzügen wird eine komplette Abschot-tung von der Umwelt und das Eintauchen in die virtuelle Welt erreicht. VR-Schnittstellen und eine realitätsgetreue Darstellung ermöglichen das Eintauchen in die Technik, womit der User 360°-Filme sehen oder 360°-Games spielen kann.

2. Inhaltliche Immersion

Die Geschichte ist inhaltlich dermaßen interessant, dass der User seine volle Konzentration auf sie richtet (ob Werbekampagne, Roman, Film oder Spiel).

3. Sensorische Immersion

„Die Erlebniswelt spricht alle Sinne an und lässt uns träumen." (ebd, S. 52).

> „Through these studies and others, it can be concluded that the human brain does not dis-tinguish between reading or hearing a story and experiencing it in real life. In both cases,

the same neurological regions are activated." (Rush 2014 zit. n. Herbst & Musiolik 2017, S. 53).

Dass User die Geschichten des Unternehmens als eigene Erfahrungen abspeichern können, gehört wohl zu den tiefgreifendsten Wirkungen des Storytellings: „Mit der richtigen Erlebniswelt kann sich die Marke in die Lebenswelt des Konsumenten integrieren und so eine gemeinsame Geschichte aufbauen." (Arnoldy 2016, S. 27).

3.5 Ansatzpunkte für Geschichten rund um die Marke

Wie soeben erläutert, verfolgen Storytelling-Kampagnen das Ziel, Informationen, Werte und Erfahrungen in Form von Geschichten bildhaft darzustellen und für den Zuschauer die Geschichte nacherlebbar zu machen. Auf diese Weise sollen den Konsumenten Bedürfnisse und Lösungen, diese zu stillen, aufgezeigt werden. Diese Lösung stellt – so wird es suggeriert – den Kauf bei dem jeweiligen Unternehmen dar. Dabei gilt, dass je abstrakter der zu vermittelnde Sachverhalt ist, desto schwieriger ist es, Vorstellungsbilder in fremden Köpfen zu generieren, z.B. wenn es um eine Software-Lösung oder um komplexe Produktionsanlagen etc. geht.

Nach Sinek (2009) fangen viele Unternehmen jedoch bei ihren Vorhaben oft an der falschen Stelle an. Am Ausgangspunkt stehe bei ihnen das Produkt oder die Dienstleistung, die verkauft werden sollen – die Beschreibung dessen, was sie leisten und welche Vorteile sie gegenüber Wettbewerbern haben. Doch für die Konsumenten, die sich mit der Marke und dem Unternehmen identifizieren wollen, ist nach Sinek nicht das „Was" der entscheidende Kaufgrund. Darum sollten Unternehmen den Grund – das „Warum" ihres eigenen Tuns – besonders hervorheben und zum Ausgangspunkt ihrer Kommunikation machen.

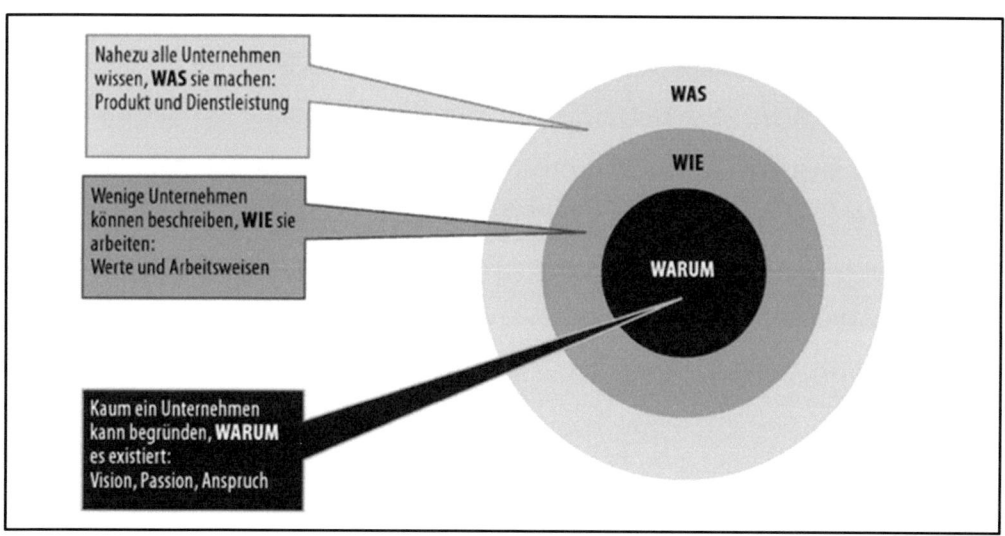

Abbildung 21: The Golden Circle-Modell, Quelle: Sammer 2014, S. 51; in Anl. an Sinek 2009, S. 51.

In dem Golden Circle-Modell (Abbildung 21), zeigt Sinek, dass an erster Stelle das „Warum" im Mittelpunkt der Kommunikation stehen sollte. Danach sollten Unternehmen auf das „Wie", also die Art und Weise wie sie arbeiten und produzieren, eingehen. Und erst am Ende sollte über das „Was", die Produkte und Angebote, gesprochen werden. Dementsprechend lautet ein berühmtes Zitat: „World-class leaders know how to tell a story from the inside out." (Maxwell & Dickman 2007).

Anhand der Erfolgsgeschichte Apples macht Sinek seine Hypothese „People don't buy WHAT you do, they buy WHY you do it" (Sinek 2009, S. 156) deutlich. Bei Apple stand von Anfang an das „Warum" im Mittelpunkt: „Bei allem, was wir machen, glauben wir daran den Status Quo herauszufordern." (Jobs zit. n. Sinek 2009a). Von diesem Punkt – dieser Mission – ausgehend, leitet man dann das „Wie" und „Was" ab: gutes Design, leichte Bedienbarkeit und gute Produkte.

Auch bei der Präsentation der Produkteinführung des Tesla Model 3 (2016) durch Elon Musk ist diese Herangehensweise zu beobachten (vgl. Pyczak 2018, o.S.). Er beginnt damit „groß" zu denken: „Our existence cannot just be about solving one miserable problem after another. There need to be reasons to live." (Tesla/Musk 2016). Das ist der Kern des gesamten Narrativs, der sich unter dem Thema „Reasons to live" zusammenfassen lässt.

Direkt am Anfang wirft er die Frage auf: „Why are we doing this? Why does Tesla exist? Why are we making electric cars? Why does this matter?" (ebd.) Die Antwort: „It's very important to accelerate the transition to sustainable transport." (ebd.). Seine Worte werden von einem Bewegtbild im Hintergrund begleitet, ein Auto kommt angefahren und es ist viel grüner Rasen zu sehen. Text im Video: „Accelerate the world's transition to sustainable energy." Musk: „This is really important for the future of the world." (ebd.). Im Anschluss wird ein konträres Bild mit einer vernebelten Großstadt und daneben eine Grafik mit der alarmierenden Kurve von CO_2-Emissionen gezeigt. Es folgt eine Temperaturkurve, die zeigt, dass einhergehend mit den CO_2-Werten auch die Erderwärmung steigt. Zusätzlich wird eine MIT-Studie herangezogen, die die Anzahl der Verkehrstoten allein durch CO_2, nicht durch Unfälle, benennt. Die Präsentation knüpft wieder an der „Warum"-Frage an. Musks Antwort ist, dass Tesla die Erde retten möchte und die Menschen, die auf ihr leben. Das sei die Mission und das bildet die Rahmengeschichte. Ein Wort zum neuen Produkt, dem Model 3, ist noch nicht gefallen.

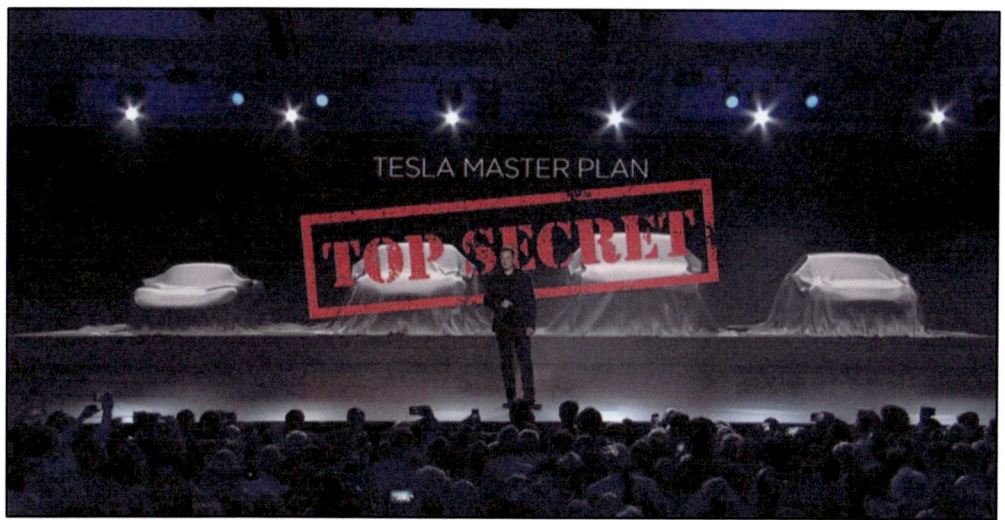

Abbildung 22: Produkteinführung Model 3 im Rahmen des Tesla Master Plans, Quelle: Tesla/Musk 2016, Video.

Im Sinne des Golden Cirle-Modells folgt auf das Narrativ des Grundes – in das sich alle weiteren Geschichten einfügen – das Narrativ der Strategie. Anhand eines „Tesla Master Plans" (Abbildung 22) soll die Mission der Rettung der Welt gelingen. Musk stellt weitere Fragen: „How can we as a tiny company actually make a difference? Start small." (Tesla/Musk 2016). Damit sagt er nach wie vor nichts explizit zum neuen Model 3, das jedoch im Hintergrund verhüllt mit den vorhergegangenen Modellen (Tesla Roadster, Model S, Model X) eingeblendet wird.

Seine Erzählung wird fortgeführt durch die Präsentation der vorherigen Modelle, um zu verdeutlichen, dass diese der Beginn des Masterplans war und das neue Model 3 diesen Plan fortführt. Somit ist das neue Modell – als es dann endlich zur eigentlichen Produktpräsentation kommt – mehr als nur ein Auto. Da das Produkt von weitgefassten Geschichten wie jene über die „Gründe des Daseins" und die „Rettung der Welt" umgeben ist, geht es in erster Linie um die Mission und das Produkt fungiert als ein Teil dafür, dieses Ziel zu erreichen.

Damit wurde eine Rahmengeschichte geschaffen, die jede Person, ob Geschäftsführer, Vorstand, Mitarbeiter oder Kunde, erzählen kann, sodass jeder Teil dieser Geschichte wird (vgl. Pyczak 2018, o.S.). Eine Geschichte, die so „groß ist, dass viel[e] Millionen Menschen darin Platz finden." (ebd.). Sie erlaubt es, dass sich Kunden nicht nur als bloße Besitzer eines Tesla, sondern als Weltverbesserer begreifen, die der Mission folgen, die CO_2-Emission zu verringern.

Neben dem Golden Circle-Modell gibt es noch weitere Ansätze, die als Grundlage für Storytelling-Strategien dienen können. Ein weiterer Ansatz, der *Social Code* von Patrick Hanlon

(2014), zeigt anhand von sieben Fragestellungen, wie Narration erfolgreichen Marken als Grundlage für vielfältige Markenerlebnisse dienen kann (vgl. Goldschmidt 2016, o.S.). Neben der Missionsstrategie und leidenschaftlichen Unternehmenssprechern nennt Hanlon hier auch Wiedererkennungsmerkmale, Produktnamen oder alltägliche Rituale der Marke als Komponenten, die für Geschichten und Markenbranding fruchtbar gemacht werden können:

1. *Wie hat alles angefangen?* (z.B. Gründungsgeschichte)

2. *Wofür stehe ich?* (Haltung, Belief, Purpose, Mission, Antwort auf das „Why?")

3. *Woran erkennt man mich?* (Logo oder z.B. auch die Burger-King-Krone oder der charakteristische Duft einer McDonalds-Filiale)

4. *Welche Rituale nutze ich?* (polarisierende, tagesaktuelle Social-Media-Posts von Sixt, der Oreo-Twist oder auch der handgeschriebene Name auf dem Starbucks-Becher)

5. *Welche Sprache nutze ich?* (das charakteristische Produkt-Naming von Ikea oder die frühere Begrüßung durch die Synchronstimme von Kevin Spacey in einem car2go)

6. *Wer oder was bin ich nicht?* (Porsche bezieht z.B. klare Stellung zum Thema „autonomes Fahren": „Das ist so verlockend wie eine Rolex fürs Eierkochen. Einen Porsche will man selbst fahren.")

7. *Wer führt mich an?* (Leidenschaftliche Persönlichkeiten wie ein Steve Jobs, Elon Musk oder Brian Chesky) (vgl. ebd.).

Wie aus dem Beispiel von Musk ersichtlich, bilden Punkt 2 und 7, aber auch Punkt 1 und 6, eine langfristiges Narrativ-Reservoir, die für „Glaubwürdigkeit und Differenzierung der großen Geschichte" (ebd.) sorgt. Dagegen sind die Punkte 3-5 variabel angelegt und können „jeden Tag aufs Neue Erlebnisse und Momente […] schaffen, die die eigenen Konsumenten in die große Geschichte der Marke integrieren." (ebd.). Diese untermauern die große Geschichte und führen sie fort.

Sowohl langfristig als auch variabel angesetzte Strategien ermöglichen, nicht länger ausschließlich Sender einer Antwort auf ein „Warum?" zu sein, sondern besondere Markenerlebnisse durch Geschichten zu schaffen, die Marke und Konsument näher verbindet. Die Sprache von Ikea für ihre Produkte kommt bei den Konsumenten z.B. so gut an, sodass sogar ein Ikea-Wörterbuch im Internet geführt wird (vgl. ebd.).

3.6 Mediale Darstellungsmöglichkeiten

Die Digitalisierung brachte eine Vielzahl neuer Formen des Erzählens hervor. Aufgrund von Medienkonvergenz durch Rückkanäle, Vernetzung, Verfügbarkeit des Internets (unabhängig von Zeit und Ort) stehen der Marketingkommunikation vielfältige Möglichkeiten zur Verfügung, mediale Inhalte zu gestalten und auf sie Einfluss zu nehmen. Im Wesentlichen lassen sich vier gebräuchliche Arten von Storytelling unterscheiden (vgl. Sammer 2017a, S. 184f.). In jeder Kategorie können sowohl analoge und digitale als auch virtuelle Medienformate eingesetzt werden (vgl. ebd.):

1. Traditionelles Storytelling

Beim traditionellen Storytelling legt der Autor eine Geschichte und ein Medium (z.B. Text, Film, Spiel) fest. Die Geschichte von Pu dem Bären z.B. wurde von Milne in den 1920er-Jahren geschrieben. Dieser Originaltext (in erneuter Auflage) ist bis heute im Cecile Dressler Verlag erhältlich.

2. Crossmediales Storytelling:

Crossmediales Storytelling erzählt dagegen eine Geschichte über mehrere Medien hinweg. Das bedeutet, dass der Originaltext auf ein anderes Medium übertragen und in diesem nacherzählt wird, ohne dass sich dabei der narrative Inhalt ändert. Jede Geschichte ist dabei in sich abgeschlossen. Die Geschichte von Pu dem Bären wird beispielsweise in einem Film („Winnie Pooh", 1969) sowie in einem Hörbuch („Pu der Bär" gelesen von Harry Rowohlt) eins zu eins in Milnes Worten wiedergegeben.

3. Transmediales Storytelling:

Dagegen dient bei dieser Art des Storytellings der Ursprungstext zwar als Ausgangspunkt, jedoch wird der Originaltext erweitert, sodass eine Art Geschichtenuniversum entsteht. Die Geschichte ist nicht abgeschlossen. Es existieren zum Beispiel neben dem Originalbuch von Pu dem Bären diverse Fortsetzungen von verschiedenen Autoren und auch Verfilmungen von Disney, die „weit über den Originaltext von Milne hinaus[gehen]." (ebd., S. 185).

4. Dynamisches Storytelling:

Beim dynamischen Storytelling, auch partizipatives Storytelling genannt, werden die Rezipienten gezielt dazu eingeladen, die Geschichte weiterzuerzählen, z.B. durch Content- oder Fotowettbewerbe. Auf diesem Weg kann der Rezipient narrative und visuelle Ideen einbringen oder in webbasierten Rollenspielen „direkt in die Rolle des Helden schlüpfen." (ebd.). Bei Pu dem Bären gibt es z.B. „Malen mit Winnie Pooh", sodass die Geschichte „jeden Tag weitererzählt und ausgeweitet" (ebd.) wird und aus „der einst einfachen Kindergeschichte [...] eine ständig wachsende, multimediale und dynamische Geschichtenwelt" (ebd.) entsteht.

3.6.1 Interaktivität durch transmediales und dynamisches Storytelling

Während beim traditionellen und crossmedialen Storytelling der Zuschauer keine aktive Rolle einnimmt, sondern die Geschichte lediglich konsumiert, besteht beim transmedialen und dynamischen Storytelling die Möglichkeit der Interaktion, um Teil und Mitgestalter des Geschichtenuniversums samt dessen Teilnehmer zu werden. Die traditionelle Trennung zwischen Sender und Empfänger wird bei dieser interaktiven Informationsübertragung aufgehoben, „sodass jeder Teilnehmer sowohl das eine als auch das andere sein kann." (Walser 2007, S. 7). Abbildung 23 stellt die wesentlichen Unterschiede zwischen dem traditionellen und transmedialen Storytelling dar.

Traditionelles Storytelling	Transmediales Storytelling
Erzählt in einem Hauptmedium	Erzählt über viele Medien hinweg
Klare Struktur	Facettenreiche Struktur
Fokussiert	Fragmentiert
Monolog	Dialog
Passiv	Aktiv
Konsum	Interaktion
Individueller Rezipient	Rezeption in der Gruppe
Linear	Nicht-linear
Fix	Spontan
Geplant	Improvisiert

Abbildung 23: Traditionelles versus transmediales Storytelling, Quelle: Sammer 2017a, S. 191.

Da die Geschichte beim transmedialen Storytelling nicht länger an ein einzelnes Medium und einen einzelnen Autor geknüpft ist, lassen sich eine nicht-lineare Erzählweise und das Fehlen von logischen Bezügen zwischen den Geschichten kaum vermeiden. Doch das ist für transmediales Erzählen auch nicht notwendig – jeder Teilnehmer kann improvisieren und spontan seinen Teil zu dieser facettenreichen Struktur beitragen.

Rezipienten können zudem durch die Verknüpfung von analogen, digitalen und virtuellen Erzählmöglichkeiten überall erreicht werden – „im Netz oder auf der Straße, als Leser oder Zuschauer ("lean-back") oder als aktiver Mitspieler und Mitgestaltender ("lean-forward")." (republica 2012, o.S.). Durch diese Eingriffs- und Mitgestaltungsmöglichkeiten soll den Usern und Zuschauern vor allem „ein intensiveres Erlebnis" geboten werden „als es eine vorgefertigte Story […] könnte." (Walser 2007, S. 10). Eine häufig zitierte Definition des transmedialen Storytellings stammt von Jenkins, der das Konzept folgendermaßen beschreibt:

„Transmedia storytelling represents a process where integral elements of a fiction get dispersed systematically across multiple delivery channels for the purpose of creating a unified and coordinated entertainment experience. Ideally, each medium makes it own unique contribution to the unfolding of the story." (Jenkins 2007, o.S.).

In dieser Definition wird beschrieben, dass transmediales Erzählen einem Prozess entspricht, der die einzelnen Inhalte der Gesamtgeschichte systematisch über verschiedene Distributionskanäle streut, um das Erlebnis eines einheitlichen und koordinierten Unterhaltungserlebnisses zu leisten. Dabei tragen idealerweise die verschiedenen Medien aufgrund ihrer Einzigartigkeit zur Entfaltung der Geschichte bei. Es gehört sodann mit zu den Aufgaben der Marketingkommunikation, den möglichen Einflussgrad der Teilnehmer zu bestimmen, und trotz der vielen einzelnen Fragmente ein stimmiges Gesamtbild nach außen zu kommunizieren.

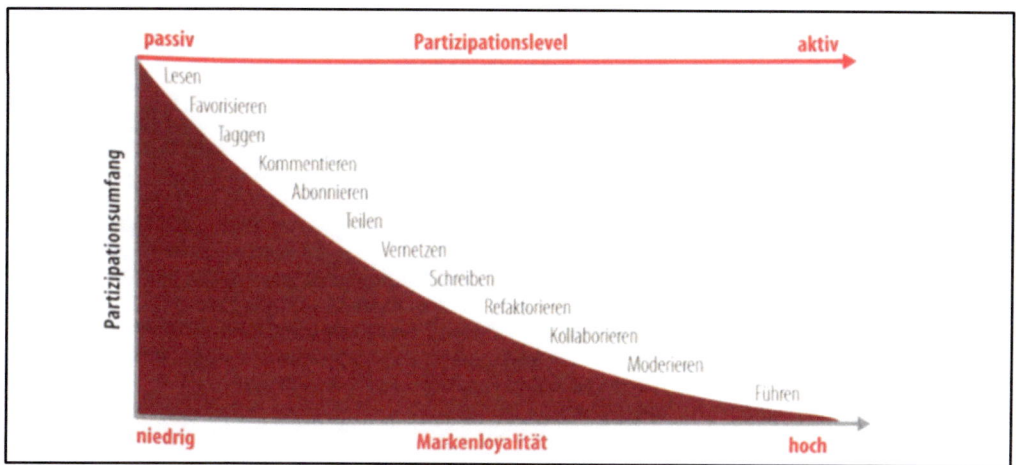

Abbildung 24: Gesetz der Partizipation nach Ross Mayfield, Quelle: Sammer 2017a, S. 251; in Anl. an Mayfield 2006, o.S.

Das Gesetz der Partizipation nach Ross Mayfield (Abbildung 24) zeigt, dass je höher das Partizipations-, bzw. Interaktionslevel ist, desto höher ist auch die Loyalität der User zur Marke. Mayfield teilte 2006 die verschiedenen Nutzungsprofile der User in unterschiedliche Partizipationsstufen ein. Die Abbildung verdeutlicht, dass die Teilnehmeranzahl proportional hinsichtlich des Engagements sinkt: „Je passiver, desto größer ist die Gruppe, je aktiver, desto kleiner ist die Gruppe an Rezipienten." (Sammer 2017a, S. 251).

3.7 Virales Marketing

Die Marketingform des viralen Marketings nutzt vor allem „schnelle" Medien wie Social Media[11], um mit einer meist ungewöhnlichen oder indirekten Botschaft innerhalb kürzester Zeit, gezielt die Aufmerksamkeit jener User zu gewinnen, die diese Kampagnen (meist in Form von Videos) weiterleiten. Ziel des viralen Marketings ist somit die „exponentielle Verbreitung von Werbeinformationen zwischen den Kunden." (Kollmann & Esch 2011, o.S.). Der Begriff *viral* soll hier ähnlich wie ein biologischer Virus verstanden werden, der sich schnell von Mensch zu Mensch überträgt – mit dem Menschen sich somit „infizieren." (Langner 2007, S. 27). Im Gabler Online-Wirtschaftslexikon findet sich folgende Definition für virales Marketing:

> „Konzept der Kommunikations- bzw. Vertriebspolitik im Marketing, das eine Vielzahl von Techniken und Methoden beinhaltet, die die Kunden animieren sollen, Werbekommunikation über Produkte und Dienstleistungen in elektronischer Form aus eigenen Stücken weiter zu verbreiten." (Kollmann & Esch 2011, o.S.).

Der hohe Verbreitungsgrad soll wiederum den Bekanntheitsgrad erweitern oder im Dienste des Markenbrandings stehen. Gelungene virale Kampagnen liefern Videos des Geschäftsführers einer Mixerherstellerfirma. Dickson zeigt darin, wie die von ihnen angebotenen Standmixer dazu in der Lage sind, stabile Materialien bis zu Pulver zu zerkleinern: „Sechs Sekunden hält das iPhone im ‚Total Blender' des US-Küchengeräte-Herstellers Blendtec durch." (Lischka 2007, o.S.). Mit einem Marketingbudget von fünfzig US-Dollar wurde durch die virale Verbreitung eine Umsatzsteigerung um 700 Prozent erzielt (vgl. Düweke et. al. 2015). Selbst der Slogan „Will it blend?" schaffte es „in sechs Monaten zur Redewendung" (Lischka 2007, o.S.) und tauchte in verschiedenen Zusammenhängen wie in US-Wirtschaftsmagazinen, der *New York Times* und zahlreichen Technologie-Blogs auf. Kemper erklärt virales Marketing somit wie folgt:

> „[...] ich lege eine Werbebotschaft ins Netz, und wenn sie gut gefällt und wenn sie gut verpackt ist, wird sie einfach weitertransportiert, ohne dass man dafür Werbegeld ausgeben muss." (Kemper zit. n. Duthel 2014, S. 177).

Handelt es sich dabei um eigens für das Internet konzipierte Maßnahmen werden diese *Virals* genannt (vgl. Duthel 2014, S. 173). Der Erfolg der Werbebotschaft kann anhand der Messung durch qualitative Mittel, wie Clippings, oder aber auch anhand technischer Mittel, wie u.a. Tracking von Links, Nachverfolgung der Verbreitung von Videos über Codes oder URL-Parameter, erfolgen (vgl. ebd.).

---

[11] Neben Social Media lassen sich weitere Übertragungskanäle wie E-Mails, Webseiten, Blogs, Foren, Chat-Rooms oder SMS für virales Marketing nutzen (Kollmann & Esch 2011, o.S.).

Weitere berühmte Beispiele für virale Kampagnen sind die Low Budget-Filmproduktion *Blair Witch Project* oder das Werbespiel *Moorhuhn* des Whiskey-Herstellers Johnnie Walker – beides aus dem Jahre 1999. Der Begriff der Moorhuhnjagd („Computerspiel, das eine Jagd auf fliegende Moorschneehühner simuliert", Bibliographisches Institut b) ist sogar in den Duden aufgenommen wurden und beweist damit, welche Epidemien virale Kampagnen auslösen und welchen Grad an Popularität sie erlangen können.

4. Storytelling in der Praxis

4.1 Storytelling im B2B

Eine im Auftrag von K16 durchgeführte GfK-Studie, bei der deutschlandweit 450 B2B-Entscheider (vorwiegend aus den Bereichen Vertrieb und Marketing) zu den Punkten Präsentationen, Crossmedia-Kampagnen und Storytelling befragt wurden, ergab, dass lediglich ein Viertel die Methode des Storytelling für Kommunikationszwecke anwendet (vgl. Röbcke-Gronau 2015). Anders ausgedrückt, wenden dreiviertel der befragten B2B-Unternehmen Storytelling nicht an, „obwohl 90 Prozent […] den Ansatz für geeignet oder sehr geeignet halten, um ihre Inhalte zu vermitteln." (ebd.).

Beim Interesse von Schulungen bezogen auf Präsentationen liegt „Storytelling deutlich hinter dem Interesse an der Vermittlung von Zielen und Botschaften (30 bzw. 43 Prozent)." (ebd.). Hier scheint „ein Widerspruch [vorzuliegen]: Denn Storytelling soll nichts Anderes ermöglichen als Botschaften und Ziele zu vermitteln – nur in narrativer Form" (ebd.), sodass das Ergebnis der Studie „ein Indiz dafür [ist], dass die Definition und das Verständnis von Storytelling extrem uneinheitlich sind." (ebd.). Zudem wiesen weitere Ergebnisse darauf hin, dass Präsentationen als überladen und langweilig empfunden werden (vgl. ebd.). Zusammenfassend stellt Röbcke-Gronau zu dieser Studie fest, dass sich daran nichts ändern wird, „falls B2B-Kommunikatoren ihre Inhalte weiterhin nur in Zahlenreihen denken, statt ihnen durch Bilder und Emotionen Charakter zu verleihen." (ebd.).

Im Folgenden soll aufgezeigt werden, für welche Bereiche im B2B-Unternehmen Storytelling eingesetzt werden kann. Es lassen sich meines Erachtens vier typische Story-Kategorien unterscheiden: Bei einer Image-Story werden die Werte des Unternehmens kommuniziert, eine Produktvorteil-Story erläutert eingängig den Nutzen des Produkts oder der Dienstleistung, die Prozess-Story erklärt komplizierte Prozesse (bzw. Optimierungsprozesse), Abläufe oder Anleitungen und mit einer Fakten-Story wird Wissen (Daten, Fakten, Begriffe) verständlich und interessant aufgearbeitet und weitergegeben.

Ein Beispiel für eine Image-Story im B2B-Unternehmen, bei dem durch „Personalisierung und narratives Flair vermeintlich langweiligen Themen zu mehr Aufmerksamkeit" (Gazdar & Kirchhoff 2008 S. 43) verholfen wurde, ist Tyssenkrupp. Unter dem Slogan „Wir entwickeln die Zukunft für Sie!" stellen Zeitungsanzeigen und vor allem TV-Spots die Kinder der Mitarbeiter in den Mittelpunkt der Kampagnen. Das Ziel ist es, auf diesem Wege ebenso die weniger technikaffinen Zuschauer zu erreichen und somit bewusst mit der Botschaft auch eine Zielgruppe anzusprechen, die über die eigentliche Käuferschaft hinausgeht. Damit soll für „ein neues, frisches Image in der Öffentlichkeit" (ebd.) gesorgt werden, das den Innovationsanspruch eines „eher aus einer ‚Old-Tech'-Branche" (ebd.) stammenden Unternehmens nach außen kommuniziert.

Die Kinder als Hauptfiguren erklären z.B. in einem Image-Spot (2000) auf niedliche Art und Weise „die Welt der Technik, die ihre Eltern schaffen" (Gazdar & Kirchhoff 2008 S. 43), sodass jeder gerne hinschaut: „Zukunft ist, wenn meine Mama dafür sorgt, dass man fantastische Ideen bauen kann." (Thyssenkrupp 2000). Ebenso existieren Hörbücher, u.a. über die spannende Welt der Fahrstühle, wodurch Innovationen und Wissen über Basistechnik spielerisch vermittelt werden (vgl. Gazdar & Kirchhoff 2008 S. 43).

Auch die Zielgruppe der Kinder selbst zu erreichen und den Nachwuchs auf diese Themen aufmerksam zu machen, liegt im Interesse von Thyssenkrupp. Daher sind in Kooperation mit Partnern aus unterschiedlichen Branchen und Bereichen Initiativen wie „Zukunft Technik entdecken" entstanden. Zudem sorgt das Magazin *Innovate* in Kooperation mit EADS, Oerlikon und Roche für ausreichend narrativen Input rund um die Welt der Technik (vgl. ebd.).

Eine gelungene Produktvorteil-Story, die viralen Erfolg hatte (auf YouTube elf Mio., aktuell über 17. Mio. Klicks), ist der Spot von Volvo Trucks „Look Who´s driving feat.   4-year-old Sophie" (2016). Es ist ebenso eine Kampagne, die im Bereich B2B aus der Perspektive eines Kindes erzählt, was hier vor allem einer humorvollen Inszenierung dienen soll (vgl. Callahan 2017, o.S.). Denn in diesem Spot lenkt und kontrolliert die 4-jährige Sophie einen richtigen Full-Size Truck – nur eben nicht an dessen Steuer, sondern durch eine Fernbedienung, die mit dem Truck verbunden ist. Sie führt ihn vorbei an beeindruckenden Hindernissen und stürzt ihn am Ende in einen riesigen Graben. Es scheint als habe der Truck nun ausgedient, aber dann dreht Sophie ihn überraschend wieder um, sodass sie ihn weiter waghalsig durch das Gelände lenken kann. Der Spot demonstriert auf diese Weise, wie langlebig der Truck ist (vgl. ebd.). Er hält jeglichen „Spielereien" des Kindes stand. Anstatt die Vorzüge ihres Produkts somit zu erklären, hat Volvo eine Geschichte gewählt, um den Nutzen des Produkts zu illustrieren (vgl. ebd.).

In einem anderen Beispiel einer Produktvorteil-Story zeigt der Elektrokonzern Bosch in dem Spot „Bosch – The Sound of the Game" (Bosch, Lang 2014) die Begeisterung des Stadionsprechers Marion Tito für die Leistung des umfangreichen Soundsystems in einem Stadion in Brasilien. Aus der Perspektive des Stadionsprechers beginnt die Erzählung damit, welchen Stellenwert das Thema Fußball in seinem Land hat und, dass dieses ihn seit seiner Kindheit stets geprägt hat. Leider war er, wie er feststellt, nie besonders gut als Spieler. Er stellt seine Stadt Salvador vor und die Menschen und das Leben, die diese Stadt so lebendig machen. Er erzählt von seinem beruflichen Werdegang und wie er dazu gekommen ist, von kleinen Mo-

derationen mit einem sehr schlechten Soundsystem schließlich den Karrieresprung zum Sta-
dionsprecher zu schaffen. Es wird gezeigt, wie er in seiner Arbeit aufgeht und es liebt, die
Fans „anzuheizen", was am Ende textlich betont wird (Abbildung 25). Mit den Worten:
„Let´s fill the world with sound", endet die Erzählung seiner persönlichen Geschichte, von
der Bosch „ein Teil" ist (Abbildung 23).

Abbildung 25: Szenen aus dem Spot „Bosch - The Sound of the Game", Quelle: Bosch/Lang 2014, Video.

Auch dies ist ein Beispiel für den Einsatz von Storytelling im B2B, um den Vorteil und die
Leistung des Produkts anhand von lebhaften Geschichten leicht verständlich zu machen, ohne
dabei auf zahlreiche technische Daten zurückzugreifen. Lediglich in einer kurzen Sequenz
erscheint im Video der Text: „500 Bosch loudspeakers create the perfect sound experience."
(ebd.).

Ein Beispiel für Prozess-Storys sind die bereits in Kapitel 3.7 erwähnten Werbevideos
(Blendtec o.J.), die Tom Dickson, Geschäftsführer des US-Küchengeräte-Herstellers Blendtec, initiierte. Diese die zeigen, wie die Küchengeräte Prozesse optimieren. Über die Leistung
seiner Produkte sagt Dickson: „Vier Schokoladen-Shakes, für die man früher sechs Minuten
brauchte, sind heute in sechs Sekunden fertig." (Dickson zit. n. Lischka 2007, o.S.). Die
Blendtec-Geräte kommen aufgrund ihrer Leistung von drei PS in den USA bei Starbucks und
Subway zum Einsatz. In seinen Videos inszeniert Dickson auf humorvolle Weise wie er zuerst Murmeln, dann Cola-Dosen und zuletzt sogar iPhones zu Staub häckselt und sich dabei
immer „abstruse Begründungen einfallen [lässt], warum er gerade dieses Gerät zerstören will"
(Lischka 2007, o.S.), z. B. dass er eine schlechte Golfpartie gespielt habe oder 25 Enkel hat,
die immer ihre Spielzeugautos bei ihm liegen lassen (vgl. ebd.). Aufgrund des PR-Erfolgs
sowohl im B2B- als auch B2C-Bereich waren Merchandise-Artikel wie T-Shirts im „Will it
Blend?"-Fanshop zum Kauf erhältlich (vgl. ebd.).

Auf der Corporate Website von The Boston Consulting Group ist zum 50jährigen Bestehen
des Beratungsunternehmens eine Fakten-Story in Form eines Animation-Videos (vgl. BCG)
zu finden. Unter dem Titel „Wachstum, Erfolg und Zukunft von BCG" werden Daten, Fakten

und Zahlen leicht verständlich dargestellt. Das Video bringt auf den Punkt, dass BCG „seit mehr als 50 Jahren […] über das Naheliegende hinaus[denkt], um für ihre Kunden langfristige Ergebnisse zu erzielen". (BCG o.J., o.S.). Zuerst wird ein Zeitticker eingeblendet, der vom Jahre 2013 bis zum Entstehungsjahr 1963 runterläuft. Sogar die Hausnummer des Gebäudes ist zu sehen und die stetig steigende Expansion wird anhand einer Landkarte demonstriert (Abbildung 26). Das Video stellt die jeweiligen Geschäftsführer vor und zeigt den Zeitraum ihrer Tätigkeit. Zur Veranschaulichung der Erfolgsgeschichte von BCG kommen sodann Zahlenticker im Bereich „Offices, Staff und Revenue USD" (Abbildung 27) vermehrt zum Einsatz.

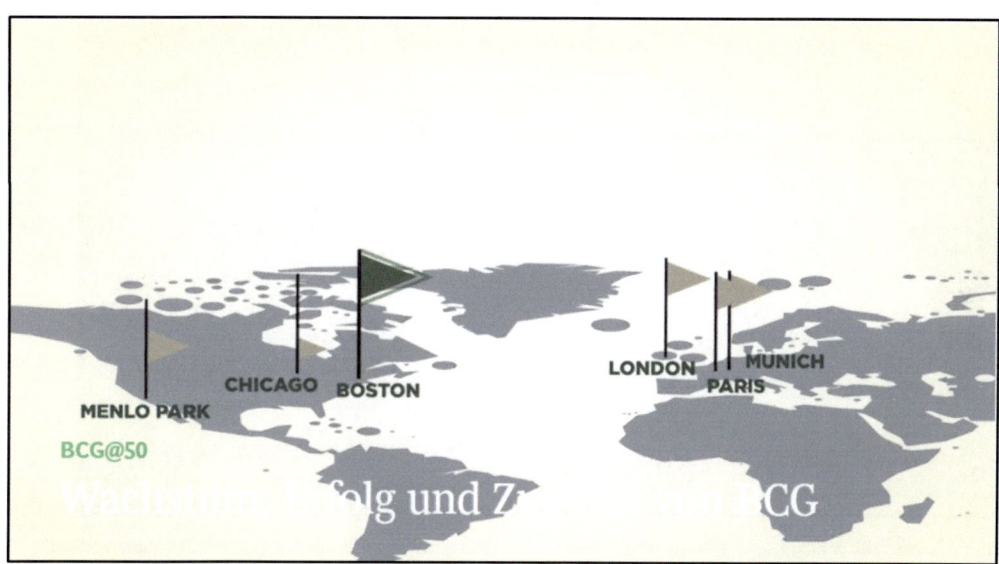

Abbildung 26: Demonstration der Expansion von BCG anhand einer dynamischen Landkarte, Quelle: BCG o.J., Video.

Abbildung 27: Einsatz von dynamischen Zahlentickern zur Veranschaulichung der Erfolgsgeschichte von BCG, Quelle: BCG o.J., Video.

Auch das B2B-Unternehmen Ernst & Young (EY o.J., o.S.) nutzt Zahlen in einem Scribble-Video (Abbildung 28) rund um die Entstehungsgeschichte des Consulters, das auf ihrer Corporate Website zu sehen ist. Im Fokus steht das Vorhaben, durch das Video mehr über die Werte, Ziele und den Anspruch von EY *building a better working world* zu erfahren. Aber vor allem wird die Geschichte erzählt, wie im Jahre 1989 Arthur Young und Alwin Ernst sich zu EY zusammengeschlossen haben, obwohl die beiden Pioniere sich nie getroffen haben und zudem (der Zufall es so wollte) beide im selben Jahr starben.

Abbildung 28: Arthur Young und Alwin Ernst und ihre Altersangaben zum Zeitpunkt des Zusammen-schlusses zu Ernst & Young, Quelle: EY o.J., Video.

4.2 Porsche – Mit der USP-Story zur einheitlichen Markenwahrnehmung

Wie in Kapitel 2.2 aufgeführt, muss eine Marke Kontinuität in der Markenführung, bzw. im Markenbranding, aufweisen. Wenn eine Marke ein Produkt einführt, das jedoch Merkmale aufweist, die mit den bisherigen Produkten in Wiederspruch stehen könnten, muss die Marketingkommunikation dafür sorgen, ein einheitliches Bild zu vermitteln. Ein Beispiel dafür ist die Produkteinführung des neuen Porsche Panamera (Gran Tourismo-Limousine, vier Sitze und großer Kofferraum), der mit dem klassischen Konzept des legendären Porsche-Sportwagen 911 in Wiederspruch stehen könnte (Abbildung 29). Denn „potenzielle Porschekäufer könnt[en] in einen Konflikt geraten, weil das neue Fahrzeug die anschauliche Porsche-Identität vermissen lässt." (Gutjahr 2015, S. 151).

Abbildung 29: Porsche 911 (links), Porsche Panamera (rechts), Quelle: www.porsche.com.

Um dies zu umgehen, wurde bei der Produkteinführung des Panamera, mit dem weitere Zielgruppen erreicht werden sollen, durch eine übergeordnete Geschichte ein Sinnzusammenhang zum Porsche 911 hergestellt. In einem 30 Sekunden TV-Spot „erfuhr der Zuschauer, dass sich Ferdinand Porsche ehemals seinen Sportwagen selbst bauen musste, weil kein Fahrzeug auf dem Markt seinen Vorstellungen entsprach" (ebd.) und erschuf somit den „zweisitzigen Sportwagen, der noch heute im legendären Porsche 911 weiterlebt." (ebd.).

In dieser Geschichte verwirklicht der Archetyp *Creator* seine Vision, „die zu einer nachhaltigen Problemlösung führt, in diesem Fall der Porsche-Sportwagen" (ebd.). An dieser Story wird bei der Einführung des Panamera angeknüpft, da andere deutsche Hersteller nicht über eine solche Gran Tourismo-Limousine verfügen. Die Geschichte wird wiederholt, sodass erneut eine Vision verwirklicht wird, die „der Öffentlichkeit gestattet, das neue Fahrzeug als ‚wahren Porsche' zu erleben" (ebd.) und dem Käufer wiederum gestattet seine Identität als „Porsche-Fahrer" zu bestätigen (vgl. ebd.).

4.3 Hornbach – Symbolische Werbebotschaften

Obwohl der Stil des Storytelling dadurch gekennzeichnet ist, nicht die Produkte in den Mittelpunkt von Kampagnen zu stellen, lässt sich, wie in Kapitel 3.3.2 aufgeführt, ebenso eine Geschichte über ein Produkt entwickeln – solange die geschichte im Vordergrund steht. Dies wurde bereits in Kapitel 3.3.3 an dem Beispiel des Ikea-Spots deutlich, wo rund um einen Stuhl die Geschichte der unendlichen Möglichkeiten die dieser bietet, erzählt wurde. Ein weiteres Beispiel für eine narrative Inszenierung rund um ein Produkt bietet die Hammer-Kampagne der Baumarktkette Hornbach, wo dieses „zugunsten seines symbolischen Gehalts in den Hintergrund" (1&1 Digital Guide 2018, o.S.) gerät.

Das Produkt: Ein streng limitierter Hammer aus recyceltem Stahl eines russischen Panzers, der sich aufgrund der Bereiche Heimwerken und Militär (nach wie vor Männerdomänen) an die Zielgruppe Mann richtet.

Die Story: Die Geschichte dieser PR-Kampagne umfasst die Entstehung des Hammers von Anfang bis Ende. Die Zielgruppe erfährt Informationen über den Panzer, die Einschmelzung, den Herstellungsprozess des Hammers usw. Zwei Wochen vor dem Verkaufsstart wurde der Hammer und seine Geschichte in den sozialen Medien, per Webfilm (Hornbach 2013a), durch Außenwerbung und in Print-Veröffentlichungen angeteasert. Die Geschichte ist darüber hinaus als Bildwelt im Comic-Stil erzählt, was sogar das Design des Packagings einschloss (Abbildung 30).

Abbildung 30: Produkte mit Story: Der Hornbach-Hammer, Quelle: Hamburger Morgenpost 2013, o.S.

Da bei der Herstellung des Hammers recyceltes Material von einem Panzer genutzt wurde, schwingt in der Produktwerbung sogar eine Antikriegsbotschaft mit: Die Funktion des Stahls wird umgekehrt (vgl. 1&1 Digital Guide 2018, o.S.). Denn mit Hämmern lassen sich Dinge erschaffen und bauen, während Panzer zerstören. Diese Idee stammt ursprünglich aus der Bibel, wo Schwerter zu Pflugscharen werden (vgl. Konradin-Verlag 2018, o.S.). Aufgrund dieser symbolisch aufgeladenen Botschaft wird sogar der „unverwüstlich[e] Charakter aus Panzerstahl, sozusagen der Unique Selling Point […] sekundär." (1&1 Digital Guide 2018, o.S.). Alle 6.300 Exemplare waren nach Beginn des Vorverkaufs innerhalb weniger Minuten ausverkauft (vgl. Konradin-Verlag 2018, o.S.) und eine weitere „Jagd" auf den Hammer begann, als die letzten 700 Exemplare zum Verkauf gestellt wurden. Eine Webseite informierte tagesaktuell über zunächst geheime Verkaufsstellen an ungewöhnlichen Orten in ganz Deutschland. So konnte der „Hype um den Hammer noch etwas künstlich" (beewell Business Events 2013, o.S.) verlängert werden. Zu diesem Special Event kamen sodann ca. 10.000 Menschen. Durch Knappheitsmarketing (vgl. ebd.) und anhand der Story und des Hypes um den Hammer sollte dieser gleich auf zweifache Weise eine langfristige Rolle spielen. Erstens wird er stets an seine Entstehungsgeschichte erinnern und zweitens wurde, um dies zu unterstützen, sogar eine exklusive Website mit Login für die Besitzer dieser besonderen Hornbach-Hämmer geschaffen. Auf dieser konnte man neben anderen Gimmicks auch testamentarisch festlegen, wer den Hammer einmal erben soll: „Das bindet die Besitzer langfristig an die Brand." (1&1 Digital Guide 2018, o.V.).

Die Story geht noch weiter. Auch über die erfolgreiche Vorverkauf- und After Sales-Phase hinaus, wodurch ein streng limitiertes Kultprodukt erschaffen wurde, ließ sich der Erfolg der Kampagne an der um 15 Prozent gestiegenen Fanzahl auf Facebook, rund 15 Millionen Interaktionen mit Onlineinhalten und einem zusätzlichem Mediawert von einer Million Euro, messen (vgl. Jänisch 2016, o.S.). An diesem Beispiel zeigt sich im Besonderen, dass die Strategie hinter Storytelling letzten Endes nicht nur den bloßen Abverkauf anvisiert, sondern als einflussnehmende Größe hinsichtlich des Brandings angesehen werden kann.

Hornbach nutzt bereits seit mehreren Jahren Storytelling in der Marketingkommunikation, um den Slogan „Es gibt immer was zu tun" nicht nur an Hobby-Handwerker, sondern darüber hinaus auch an Laien anschaulich zu vermitteln (vgl. Scharf et. al. 2015, S. 447). In dem Spot „Jede Veränderung braucht einen Anfang" (Hornbach/Pep Bosch 2013) wurde beispielsweise die Geschichte von erfolgreichen Handwerksarbeiten von Laien humorvoll und vor allem skurril inszeniert.

Der Spot spielt in einem osteuropäischen Dorf und ähnelt in seinem Plot an eine Dokumentation (vgl. Unckrich 2011, o.S.). Die Erzählstimme erzählt von der Geschichte des Dorfes, dessen Einwohner über die Jahre verlernt haben, ihre Hände zu benutzen, sodass auch ihre Häuser verfallen. Die Menschen werden bei verschiedensten Tätigkeiten gezeigt, jedoch immer mit den Händen in den Taschen, was für skurrile Bilder sorgt. Die Bildwelt insgesamt wirkt sehr nostalgisch, „fast schon poetisch." (ebd.). Plötzlich taucht eines Tages im Dorf eine riesige Nuss auf, die Aufsehen erregt. Was es mit dem „rätselhaften Objekt" (ebd.) auf sich hat, erfahren die Menschen erst als ein Stück aus der Nuss herausbricht. Als sie sehen, dass dieses mit Unmengen an Werkzeug gefüllt ist, nutzen die Menschen zum ersten Mal wieder ihre Hände, holen es raus und fangen direkt damit an, „ihre Häuser und Gärten zu renovieren." (ebd.).

Diese Kampagne ist ein Beispiel dafür, wie durch Storytelling „viel Raum für Interpretationen" (ebd.) gelassen werden kann. Von Bechtolsheim, einer der Geschäftsführer von Hornbach sagt: „Mit der Nuss wollten wir bewusst einen Spielraum schaffen, Fragen aufwerfen und einen Mythos kreieren, mit dem sich die Zuschauer auseinandersetzen." (von Bechtolsheim zit. n. ebd.). Und trotz dieses Interpretationsspielraums ist die Botschaft der Geschichte klar und verständlich kommuniziert: *Jede Veränderung braucht einen Anfang* – hier ist der Anfang die mysteriöse Nuss. In einem Interview mit *Horizont* erklärt Jürgen Schröcker, Marketing-Vorstand von Hornbach, die Symbolik der Nuss wie folgt:

> „Für mich ist sie ein mehrfaches Symbol und steht erstens für den Auslöser einer Veränderung, zweitens für die Nuss, die geknackt wird und so beim Lösen eines Problems hilft und drittens: für Hornbach." (Unkrich 2011, o.S.).

4.4 Aldi – Reduzierung von Komplexität

Aldi war bis vor kurzem ausschließlich auf das Medium Print fokussiert. 2016 stellt den „Aufbruch in eine neue Werbeära" (Campillo-Lundbeck 2016a) dar, bei der Aldi Süd und Aldi Nord erstmals zusammenarbeiten. Unter dem Motto „Einfach ist mehr" umfasst die neue Werbestrategie nun sowohl TV- und Online-Auftritte, Kino, Radio und Out-of-Home. Als „zentraler Anker" der Kampagne soll die Website *Einfach-ist-mehr.de* dienen, „auf die alle Werbemittel der Kampagne verweisen werden." (ebd.).

Abbildung 31: Plakatkampagne „Einfach ist mehr", Quelle: Aldi 2016b, o.S.

Der Testlauf der Kampagne „Einfach ist mehr" startete mit einer Plakatkampagne, die „im Wesentlichen eine Aussage zur Arbeitsweise des Händlers und zu den rationalen Produktvorteilen" fokussierte (Abbildung 31). Nun fokussiert die Kampagne ein latentes Gefühl der Überforderung in der Gesellschaft", dessen „emotionale Botschaft eng mit der Markenphilosophie von Aldi" verbunden werden soll (ebd.). Denn der USP von Aldi „als stressreduzierende Marke ist dank niedriger Preise, einfachem Sortiment und hohen Qualitätsstandards bis heute unangetastet." (Campillo-Lundbeck 2016, o.S.).

An diesem Punkt setzt auch das Storytelling von Aldi an. In dem Werbefilm (Aldi 2016), mit der Aldi Süd und Aldi Nord gemeinsamen ihr TV-Debüt starteten, wird aus der Sicht von Kindern erzählt, wie diese „die angebliche Weisheit der Erwachsenen infrage[stellen]." (Campillo-Lundbeck 2016a, o.S.). Denn obwohl Erwachsene meinen alles zu wissen, würden „sie sich trotzdem das Leben kontinuierlich schwermachen." (ebd.). In dem TV-Spot wird das Überangebot der Supermärkte und das „Mehr wollen" in der Gesellschaft thematisiert. Kinder erzählen, dass man nicht viel braucht, um glücklich zu sein und appellieren damit an die Erwachsenenwelt, die Dinge so zu sehen, wie sie es tun:

> „Die Erwachsenen wollen immer die Bestimmer sein, weil sie sich für ziemlich klug halten. Aber wenn man dann fragt: ‚Warum müssen wir uns beeilen? Warum hast du keine Zeit zum Spielen?', dann antwortet ihr nur: ‚Darum!' Es heißt immer Kinder brauchen nicht viel um glücklich zu sein. Wir schreiben keine E-Mails. Wir sprechen einfach so, wenn wir uns sehen. Wir brauchen keinen Supermarkt, der so groß ist, dass ihr euch nicht entscheiden könnt. Warum glaubt ihr, dass ihr mehr braucht? Wählt doch einfach das Richtige und befreit euch vom Rest. Warum? Darum! Aldi – einfach ist mehr!" (Aldi 2016).

Eine herzerwärmende Geschichte, bei der die Kamera den Kindern auf Schritt und Tritt folgt, sodass der Zuschauer sich selbst so fühlt als würde er durch die Wohnung laufen oder draußen im Matsch spielen. Die Kampagne wurde jedoch von vielen Marketingexperten „als zu brav kritisiert." (Campillo-Lundbeck 2016b, o.S.).

Dagegen bedient sich die Kinowerbung einer skurrilen und opulenten Inszenierung des Hauptthemas und positioniert sich damit „nun deutlich frecher." (ebd.). Der Kino-Spot „Die Götter" (Aldi 2016a) greift viele Komponenten der Sagenwelt in moderner Weise auf, z.B. eine schlangenköpfige Medusa, die in einem Whirlpool voller Donuts ihre Spagetti genießt (Abbildung 32). Der Spot „ist Teil einer Kampagnenetappe, die sich explizit an jüngere Zielgruppen richtet." (ebd.). Auch der hier verwendete Werbeslogan „Wirklich Aldi kann nur Aldi" „setzt stärker auf Polarisierung als die Hauptkampagne." (ebd.). In der Story dient der Olymp als Partylocation. Zeus muss erkennen, dass „der wahre Luxus nicht auf dem Olymp, sondern bei ALDI auf der Erde liegt – denn der Luxus liegt in der Einfachheit." (Aldi 2016b, o.S.).

In der Pressemitteilung zu der Kampagne erklärt Jeannette Thull, Geschäftsführerin im Zentraleinkauf bei Aldi Süd, den Gedanken hinter der langfristig angelegten Kampagne: „Bei ALDI konzentrieren wir uns auf das Wesentliche, lassen das Unnötige weg und erzielen so eine Entlastung – und schaffen neue Freiräume. Einfachheit ist der Luxus unserer Zeit." (ebd.). Durch die Thematisierung der zunehmenden Komplexität in der Konsumwelt und der immer öfter damit einhergehenden Probleme wie Stress, Zeitnot und Überforderung, sollen „die seit Jahrzehnten bestehenden Werte von ALDI in den Fokus" (ebd.) gerückt werden.

Abbildung 32: Szene aus dem Spot „Die Götter", Quelle: Aldi 2016a, Video.

4.5 Coca-Cola – Mythen als ureigene Domäne

Die Kreation eines Mythos rund um die Marke stellt soz. die Königsdisziplin des Markenbrandings dar (s. Abbildung 9: 5-stufiges Modell der Markenführung von BBDO). Für Marken als Mythen gibt es unzählige Beispiele, wie den Marlboro-Cowboy in der Wild-West-Romantik, den von Microsoft und Apple (genutzten) Garagengründungs-Mythos oder Coco Chanels Kostüm und das „kleine Schwarze".

Auch bei Coca-Cola stellt Storytelling und Legendenbildung eine ureigene Domäne des Unternehmens dar (vgl. Esders 2017, S. 197). Da wäre zuallererst der Mythos um „die nahezu den Status einer Weltformel" (ebd.) besitzende Rezeptur, die hinter verschlossenen Mauern im Museum World of Coca-Cola behütet und nur gelegentlich den Besuchern „in einer Art Reliquienschrein" (ebd.) offenbart wird – „greifbar nah und doch unerreichbar." (ebd.). Zudem trugen die seit 1931 weltbekannten Weihnachtswerbe-Spots dazu bei, dass sogar eine Symbolfigur wie der Weihnachtsmann keinen braunen Pelzmantel trägt, wie zuvor angenommen, sondern einen roten Pelzmantel (vgl. Journey 2017, o.S.).

Kommunikation spielte bei Coca-Cola seit jeher eine entscheidende Rolle bei der Markenführung (vgl. Journey 2013, o.S.), was ebenfalls daran zu erkennen ist, dass die Slogans jedes

Mal erneut den Zeitgeist widerspiegeln (vgl. Brehm 2014, o.S.). So ruft z.B. der Slogan *Mach mal Pause* die Menschen 1955 nach den anstrengenden und tüchtigen Jahren des Wiederaufbaus dazu auf, sich nun ein wenig Ruhe und Erholung zu gönnen. Der Slogan findet Einzug in die Alltagssprache und wird „zum geflügelten Wort der Wirtschaftswunderzeit." (Journey 2013, o.S.).

Auf der Unternehmens-Website *Coca-Cola Journey*, die im April 2013 gelauncht wurde und seit diesem Zeitpunkt als Online-Magazin bezeichnet wird, findet sich ein „unendlicher Fundus" (Bialek 2012, o.S.) an Geschichten rund um die Marke, ihre Macher, Fans und ihre Historie. Patrick Kammerer, der Director Public Affairs & Communications Coca-Cola Deutschland, sagt: „Journey-User sind beim ersten Besuch überrascht von der Vielfalt unserer Themen." (Coca-Cola Journey 2015a). Dort können sich User aber nicht nur Informationen und Inspirationen einholen, sondern ebenso in der Fan-Community aktiv werden, indem sie ihre persönlichen Momente mit der Marke in Text, Bild- oder Videoform hochladen (vgl. Esders 2017, S. 197).

Es werden Geschichten davon erzählt, wie ein japanischer DJ das Geräusch beim Öffnen einer Cola-Flasche in Remixen einbindet oder wer die Menschen hinter den Kulissen sind, wie beispielsweise die Fahrer der Coca-Cola-Weihnachtstrucks. Auf der englischsprachigen Website sind Filme von Mitarbeitern zu sehen, die von dem Engagement des Unternehmens in Indien berichten. Genauso erzählen aber auch Veteranen davon, „welche Rolle Coca-Cola in den 50er-Jahren in ihrem Leben spielte." (Bialek 2012, o.S.).

Auch Geschichten zu Coca-Cola Ritualen aus aller Welt sind hier zu finden, bei der Redakteurinnen den Selbsttest wagen und Coca-Cola mit Erdnüssen (Ritual in Tennessee) probieren. Selbst die Fanta-Story, deren Anfänge nicht in Amerika, sondern in Deutschland zu verorten sind, wird auf der Plattform erzählt. Der Teaser zu dem Artikel lautet: „Viele Menschen glauben, Fanta komme aus Amerika. Doch die orangene Schwester von Coca-Cola stammt aus dem Ruhrpott." (Journey 2018, o.S.). Und unter der Kategorie „Fakten" werden verschiedene Zahlen und Daten über die legendäre Coca-Cola-Konturflasche in kreative Zusammenhänge gebracht (Abbildung 33).

Abbildung 33: Produzierte Konturflaschen gemessen in Äquatorlängen (links) und die dazugehörige Fließmenge in Liter/Sekunde (rechts), Quelle: Coca-Cola Journey o.J., S. 5f.

Die Gründe, weshalb Coca-Cola diese Marketingstrategie verfolgt, und diese bei den Usern auf Interesse stößt, wird in einem Artikel im *Handelsblatt* wie folgt erklärt: „Fans, so das Kalkül, interessieren sich für die liebevoll aufbereiteten Details" (Bialek 2012, o.S.), sodass diese Art von dynamisch betriebener Website das verheißt, „wovon viele Marketingentscheider träumen: Inhalte statt Werbung." (ebd.). Esders schreibt in dem interdisziplinären Handbuch „Erzählen" über die Wirkung der Webseite:

> „Das Beispiel Coca-Cola zeigt, dass das Erzählen in der Werbung gerade deshalb so gefragt ist, weil es *nicht* wirbt. Und wenn es doch einmal auf werbliche Formen zurückgreift, dann verfährt es so dezent und gewissermaßen feinstofflich, dass es die mentalen Spamfilter durchdringt. Die ungeschminkte Absicht verstimmt das Publikum, verschreckt die Kundschaft ebenso wie die ohne Umschweife vorgetragene Konsumbotschaft. Die Geschichte dagegen umgibt eine Aura der Unbefangenheit, die Vertrauen erweckt." (Esders 2017, S. 197).

Das Erreichen des Vertrauens des Publikums als Ziel nennt auch Kammerer, wenn er über die Wirkung der Website sagt:

> „Wir wissen aus einer qualitativen Onpage-Studie, dass zwei Drittel unserer Besucher nach der Lektüre Lust auf mehr Informationen über das Unternehmen Coca-Cola haben. Zudem haben wir festgestellt, dass sich bei wiederkehrenden Besuchern das Meinungsbild zum Unternehmen positiv verändert. Das heißt: Journey hilft uns bei unserem Ziel, Vertrauen für Coca-Cola aufzubauen." (Journey 2015a, o.S.).

Dafür spricht auch der immense Aufwand, der für die Website betrieben wird. Der Digitalchef Ashley Brown sagte der *New York Times*, dass sein Team (vier feste und 40 freie Mitarbeiter) wie die Redaktion eines Magazins arbeite und der Konzern mehrere Millionen Dollar pro Jahr in das Projekt stecken wolle (vgl. Brown zit. n. Bialek 2012, o.S.).

4.6 Allianz – Crossmediale Kundenzeitschrift 1890 Allianz Magazin

In der crossmedial angelegten Kundenzeitschrift *1890 Allianz Magazin* werden Wissensthemen rund um das Thema Versicherungen anhand der Adaption bereits existierender Geschichten aus u.a. Literatur und Film journalistisch aufbereitet (vgl. Femers-Koch & Molthagen-Schnöring 2018, S. 204). Auf diese Weise kann „an die Lebenswelt der Rezipienten" (ebd.) angeknüpft und „ein eher trockenes sachliches Image mit Werten wie Lebendigkeit, Modernität und Sympathie" (ebd.) aufgeladen werden.

Dabei wird jedes Heft und dessen Online-Version unter einem thematischen Schwerpunkt veröffentlicht, der sich nicht notgedrungen lediglich auf die Allianz selbst oder deren Produkte bezieht. Somit werden diese übergreifenden Themen für mehr Leser interessant und von Nutzen (vgl. ebd.).

In der aktuellen Ausgabe 2018, die unter dem Thema „Anfang" steht, wird die Geschichte über einen seltenen Apfelbaum erzählt, der schon im Garten von Goethes Mutter stand (Abbildung 34). Der Teaser zu dem Artikel lautet: „Es gibt Dinge, die kann selbst die Allianz nicht versichern. Zum Beispiel den seltenen Apfelbaum in Sarah Wieners Garten." (Allianz 2018, S. 74). In dem Artikel berichtet die TV-Köchin über den Wert dieses Baumes, was ihn so besonders macht und welches Potential in ihm steckt:

> „Zu Goethes Zeit, Mitte bis Ende des 18. Jahrhunderts, war die Sorte sehr beliebt. Für unseren heutigen Geschmack sind die Äpfel viel zu sauer. Aber genau aus diesem Grund finde ich den Baum so wertvoll: Er spiegelt unsere Geschichte wider und zeigt, wie sich unser Geschmack im Lauf der Zeit verändert. [...] Ich freue mich schon darauf, wenn es genug sind, dass ich die Äpfel mit anderen Sorten mischen und daraus etwas Besonderes zubereiten kann." (Allianz 2018, S. 74).

Abbildung 34: Allianz greift Themen auf, die ideellen Wert haben, Quelle: Allianz 2018, S. 74.

In den Rubriken *Verrückte Zeit* oder *Schadenakte* finden sich dagegen Geschichten ganz anderer Art, indem virtuelle Schäden, die in Filmen entstanden wären, berechnet werden. So wurde in der Ausgabe von 2014 der Haftplicht- und Sachschaden in einer Filmszene aus „Pippi in Taka-Tuka-Land" auf 9.170 Euro (Abbildung 35) oder in der Ausgabe 2016 die Schadensberechnung einer Szene aus dem James Bond Film „Spectre" auf 620.000.000 Euro berechnet (Abbildung 36).

In diesen Rubriken werden somit populäre Geschichten adaptiert und in Verbindung zu den Dienstleistungen des Unternehmens gebracht, was „zu einer großen, weltweiten Resonanz" (Femers-Koch & Molthagen-Schnöring 2018, S. 204) geführt hat. Über die Schadensberechnung zu einer Filmszene aus „Der Hobbit – Smaugs Einöde" in der Februar-Ausgabe 2014 gab es eine Pressemitteilung, „deren Inhalte in den Medien rund um den Globus Anklang gefunden haben." (ebd.).

Abbildung 35: Schadensberechnung einer Filmszene im Film „Pippi in Taka-Tuka-Land", Quelle: Allianz 2014, S. 6-7.

Abbildung 36: Schadensberechnung einer Filmszene im Film „Spectre", Quelle: Allianz 2016, S. 6-7.

4.7 Edeka – Mit Storytelling zur „Emotionsbenchmark"

„Dass der neue Edeka-Spot die Menschen so berührt ist kein Zufall, sondern Methode" (Slavik & Steinitz 2015, o.S.), berichtet die *Süddeutsche Zeitung* hinsichtlich des *#heimkommen*-Spots von Edeka an Weihnachten 2015. Die Handlung aktiviert in jenem Maße starke Gefühle beim Zuschauer, wie es bisher für Werbefilme im deutschsprachigen Raum unüblich und bislang nicht auf diese Art und Weise verwendet worden ist (vgl. Dumalaon 2015, o.S.).

Der Spot (Edeka 2015) handelt von einem alten, wohlhabenden, aber einsamen Mann, der in der Anfangsszene die alljährlichen Absagen seiner Kinder auf dem Anrufbeantworter abhört und sich aufgrund dessen etwas Ungewöhnliches einfallen lässt, damit seine Kinder an Weihnachten endlich wieder zu Besuch kommen. Er täuscht seinen eigenen Tod vor und lässt seinen Angehörigen vermeintliche Trauerkarten zukommen. Als seine Angehörigen dann eintreffen, weil niemand bei der Trauerfeier seines eigenen Vaters, bzw. Großvaters fehlen möchte, finden sie ein weihnachtlich geschmücktes Haus vor. Die Schlussszene zeigt sodann die ganze Familie am Festtagstisch. Sie erinnert dabei in ihrer Darstellung an das *letzte Abendmahl*, „eins der ikonografischen Urbilder des christlichen Bilderkanons [...] und soll verdeutlichen: Edeka beschert glückliche Weihnachten, Familie und Tradition." (Slavik & Steinitz 2015, o.S).

Damit landete die Supermarktkette einen viralen Storytelling-Coup: millionenfach in den sozialen Netzwerken angesehen, vielfach kommentiert und mit Fotobeiträgen der Zuschauer unter dem Hashtag *#heimkommen* mitgestaltet. Es meldeten sich jedoch „auch ablehnende Stimmen, die der Werbung Pietätslosigkeit" (Esders 2017, S. 200) und Grenzüberschreitung vorwarfen. Doch „vermutlich war die polarisierende Wirkung ebenso kalkuliert wie Ernst und Schwere des Themas" (ebd.), die dazu beitrug, dass sich der Spot „von der ausgestellten Leichtigkeit des werblichen Umfelds abho[b]." (ebd.). Für Werbeexperten stellt dieser Spot ein „Meisterstück des Werbefilms" (Slavik & Steinitz 2015, o.S.) dar, sodass von einer „Emotionsbenchmark" (Bialik 2015, S. 1) des Jahres gesprochen wird.

Diese Wirkung entspricht auch dem gesetzten Ziel von Jens Pfau, Leitender Kreativer bei Jung von Matt, der sowohl für diesen als auch vorangegangene virale Hits von Edeka wie z.B. Edeka *Supergeil* (2014) verantwortlich ist. So sagt er in einem Interview mit der *Süddeutsche Zeitung*: „Natürlich ist Humor wesentlich leichter zu ertragen, aber ein lustiger Spot ist auch schneller wieder vergessen. Über diese Geschichte dagegen werden wir noch jahrelang reden." (Pfau zit. n. Slavik & Steinitz 2015, o.S.). Was er bei Zuschauern damit auslöse, darüber sei er sich bewusst (ebd.):

„Das ist emotional ziemlich schwerer Stoff, daran ändert auch die Schlusseinstellung vom fröhlichen Familienabendessen nichts mehr. Keine zwei Minuten dauert dieser Werbefilm, er rührt an Erinnerungen, die man nicht hervorholen will, er weckt Schuldgefühle, Verlustängste, und Zweifel am eigenen Lebenskonzept. Zudem trifft all das die Betrachter unvorbereitet, weil es doch eigentlich nur Werbung ist: Man erwartet Informationen über ein Sonderangebot für Sauerkraut im Aromapack und bekommt stattdessen einen Stich ins Herz." (ebd.).

Auch an diesem Beispiel wird ersichtlich, wie Storytelling sich von der Produktebene entfernt und durch narrativ eingesetzte Themen (hier: Tabuthemen wie vorgetäuschter Tod) die Aufmerksamkeit der Zuschauer erlangt. Nicht nur die Themenwahl, sondern auch die Umsetzung ist auffällig, denn obwohl jeglicher Ton in Form von Dialogen oder „wohligweihnachtliche[n] Popsong[s]" (ebd.) fehlt, sind Botschaft und Handlung klar. Pfau sagt, dass er es wichtig finde, zu verdeutlichen, „worum es an Weihnachten eigentlich gehen sollte. Um Familie, ums Zusammenkommen" und, dass er auf diesem Wege „einen emotionalen Weihnachtsgruß an Deutschland" (Pfau zit. n. ebd.) aussenden wollte.

4.8 Lego – Vom Produkthersteller zum Medienunternehmen

An der Krise von Lego, die mit roten Zahlen und Stellenkürzungen 2004 an ihrem Tiefpunkt angelangt war, zeigt sich insbesondere, wie eine Marketingstrategie, die sich par excellence am Storytelling orientiert, wieder zum Aufschwung führen kann. Der Grund für die Krise war, dass das traditionsbewusste Familienunternehmen lange Zeit von klassischer Werbung, die lediglich die Produkte in den Vordergrund stellen, nicht abweichen wollten, obwohl die Konkurrenz sich längst mit besseren Produkten an breitgefächerte Zielgruppen wendete (vgl. Mashup Communications 2017, o.S.). Das hatte starke Auswirkungen auf das Image von Lego. Das Spielzeug galt als „altbacken" und adressierte sich ausschließlich an Jungs, sodass Lego „in Vergessenheit" (ebd.) geriet.

Um dem entgegenzuwirken wurde 2004 der ehemalige McKinsey Unternehmensberater Jørgen Vig Knudstorp zuerst zum CEO und später Verwaltungsratschef von Lego. Es folgten Jahre der Sanierung, der Restrukturierung, des Innovationsmanagements und der Fragen rund um das „Kostenbewusstsein." (Balzter 2010, S. 2). Abbildung 37 zeigt, dass Lego 2012 erstmals mehr Umsatz als der US-Actionfiguren-Hersteller Hasbro erzielte und so zum zweitgrößten Spielzeughersteller der Welt wurde (vgl. Jauernig 2014, o.S.).

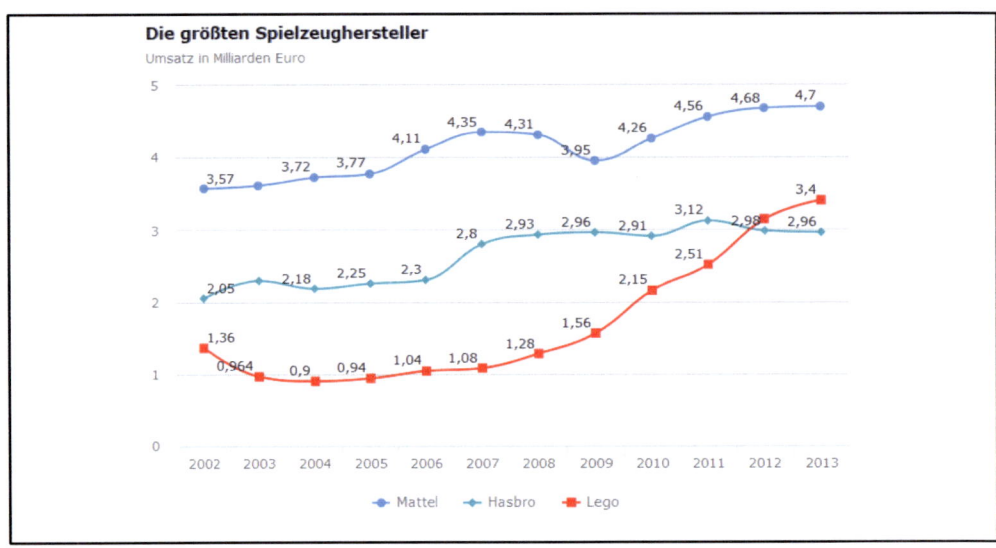

Abbildung 37: Jahresbilanzen der Spielzeughersteller Mattel, Hasbro und Lego von 2002-2013, Quelle: Jauernig 2014, o.S.

Wie die Strategie des Storytellings zu dieser Erfolgsgeschichte beitrug wird im Folgenden erläutert. Seit jeher ist „die Markengeschichte von Lego [...] Sinnbild für Lernen durch Spielen, was die Kreativität und Intelligenz fördert." (Gutjahr 2015, S. 151). Vom Holzspielzeug seit 1932, über die bekannten bunten Bausteine seit 1958, bis zu den modernen Spielklötzchen wie sie heute auf dem Markt erhältlich sind – die Marke Lego umgibt seit seiner Entstehung eine Geschichte, die weltweit und generationenunabhängig verstanden wird und an der der Hersteller immer wieder ansetzen kann: „Klötzchen auf Klötzchen setzen, die eigene Welt erschaffen" (Jauernig 2014, o.S.) – Lego-Spieler sind Helden. Somit nutzt Lego das „kommerziell erfolgreichste Narrativ" (Edsers 2017, S. 200) der Heldenreise für ihre Rahmengeschichte, die auf allen Kanälen erzählt wird.

Als in den 2000er Jahren Spielekonsolen andere Möglichkeiten des Spielens ermöglichten, mussten neue Anreize geschaffen werden, damit bei der potenziellen Käuferschaft wieder durch „das simple Bauen von Türmen und Häusern [...] de[r] archaisch[e] Wunsch, mit [den] Händen etwas zu erschaffen" (vgl. Fortis PR 2014, o.S.), geweckt wurde. Dies gelang Lego vor allem durch den Lizenzerwerb von *Star Wars, Harry Potter* und *Der Herr der Ringe.* Waren es früher eher die Feuerwehr- oder Polizei-Figuren, konnte Lego durch die neuen Figuren aus Literatur und Film neue Themenwelten schaffen, an denen die Spieler anknüpfen können, um „die menschliche Bandbreite von Gut gegen Böse nachzuspielen." (ebd.). Diese auf tradierten Erzählmustern beruhenden Geschichten bedienen die ursprünglichen Instinkte, als Held in dessen eigener Klötzchenwelt alle möglichen Abenteuer zu bestehen (vgl. Mashup Communications 2017, o. S.).

Doch nicht nur die neuen Anreize für moderne Geschichten, die haptisch nachgespielt werden können, stehen im Mittelpunkt der Marketing-Strategie: „Der zweite Strang der Unternehmensstory […] ist die Beschreibung des Wegs zum wirtschaftlichen Erfolg – die Wiedergeburt" (Fortis PR 2014, o. S.) von Lego. Wirtschafts- und Qualitätsmedien berichten über diese sogenannte *Turnaround-Story* – dessen Held Knudstorp ist – und sind sich in ihren Einschätzungen ziemlich einig, dass diese Story ebenfalls Teil der Marketing-Strategie ist (vgl. Meier 2014, S. 2).

Lego wird seit seinem Turnaround nicht länger ausschließlich als Spielzeughersteller, sondern darüber als Medienunternehmen wahrgenommen (vgl. ebd.). Das Unternehmen betreibt mehrere YouTube-Kanäle, eine erfolgreiche Facebook-Seite, ist mit diversen Kanälen auf Twitter vertreten, entwickelt zahlreiche Games und hat sogar eigene Kinofilm (vgl. ebd.). In den USA hat der erste Lego-Animationsfilm *The Lego Movie* 230 Millionen Dollar eingespielt und rangiert sich damit auf den fünften Platz der erfolgreichsten Animationsfilme (vgl. Jauernig 2014, o.S.). Sogar eigene Filme können die Fans mit der App Lego Movie kreieren (vgl. Meier 2014, S. 2).

> „Auf allen Kanälen wird die gleiche Geschichte erzählt: LEGO-Spieler sind Helden! Die Mischung aus User Generated Content und eigener Unternehmensstory vervielfältigt auf allen verfügbaren Plattformen macht LEGO zu einem Lehrbuchbeispiel für gute PR und gutes Storytelling." (Fortis PR o.V., o.S.). „Von der Masse an User Generated Content, die Lego erzeugt, können klassische Medienunternehmen nur träumen." (Meier 2014, S. 2).

Mit der Leistung Kundstorps, dem Ruf von Lego zu einem Wandel vom Image „eines altbackenen Bauklötzchen-Herstellers zu einer Kultmarke mit Innovationskraft" (Jauernig 2014, o.S.) zu verhelfen, erweiterten sich mit der Produktlinie *Friends* für Mädchen und *Lego for Men* für Erwachsene auch die Zielgruppen. 2018 steht das Unternehmen jedoch nun vor der Problematik, dass der Erfolg stark von der Nachfrage nach *Star Wars*-Artikeln abhängig ist und, dass das Interesse an der Themenwelt der Weltraumsaga 2017 bei Lego stark nachgelassen hat (vgl. Dierig 2018, o.S.) Demzufolge schreibt Dierig in der *Welt*: „Funktioniert ‚Star Wars' nicht, funktioniert Lego nicht." (ebd.). Angesichts dieser Gefahr sollen neue Impulse und Themenwelten durch Dinosaurier, Güterzüge, Blitzdrachen und Supersportwagen geschaffen werden (vgl. ebd.).

5. Fazit und Ausblick

„Vielmehr sind der Anspruch auf Universalität und der Anschein der Unkorrumpierbarkeit das größte Pfund, mit dem die Überredungsbranche wuchern kann. Sie erlauben es, partikulare Interessen unter dem Deckmantel poetischer Absichtslosigkeit zu verstecken und damit umso effektiver durchzusetzen." (Esders 2017, S. 202).

In der Marketingkommunikation stand lange Zeit eine auf belegbaren Zahlen und Fakten basierende und damit streng rationale und argumentative Kommunikation im Fokus. Eine rationale Persuasion funktioniert jedoch nur dann, wenn die Interessen und Wertesysteme des Erzählers und Rezipienten auf einer ähnlichen intellektuellen Weltanschauung beruhen (vgl. Sammer 2014, S. 5). Ist das nicht der Fall, kann sich der Grad der Aufmerksamkeit für das jeweilige Thema enorm unterscheiden. Seit Jahren wandelt sich in der werblichen Kommunikation die Vorstellung davon, wie und mit welchen Mitteln der Konsument angesprochen werden soll, ohne dabei auf persuasive Mittel, die die offensichtliche Konsumbotschaft erkennen lassen, zurückzugreifen.

Vor allem die Erkenntnisse der Neurowissenschaft bezüglich der Funktionsweisen des menschlichen Gehirns trugen zu dieser veränderten Denkhaltung bei. Neurowissenschaftler fanden heraus, dass das Gehirn Informationen nicht nur einfach speichert und wieder abruft, sondern „als dynamisches, selbst organisiertes System funktioniert" (Herbst 2014, S. 24), das Informationen in Zusammenhängen und Mustern verarbeitet. Storytelling vermag genau dort anzusetzen, indem es diese unbewussten und emotional geprägten Muster (u.a. die Heldenreise, vgl. Kapitel 3.3.2) nutzt und Informationen somit gehirngerecht im Dienste werblicher Zwecke vermittelt. Es stellt für Herbst eine „Urform der menschlichen Kommunikation" (Herbst 2014a, S. 23) dar, ein Werbestil, die für ihn nicht lediglich einer aktuellen Mode in der Marketingkommunikation entspricht.

Eine narrative Strategie, wie die des Storytellings, zielt auf den Ausweg eines strukturellen Dilemmas in der Marketingkommunikation ab (vgl. Esders 2017, S. 197). Denn obwohl PR-Maßnahmen einer offen persuasiven und manipulativen Kommunikationsform entspricht, müssen sie trotzdem Glaubwürdigkeit für das beworbene Angebot beim Konsumenten einfordern. Ob eine Verkaufsstrategie erfolgreich war, ließ sich seit jeher daran messen, „wie geschickt – sei es dezent, augenzwinkernd-ironisch oder offensiv – sie mit dieser grundsätzlichen Paradoxie umging." (ebd.). Durch das Erzählen jedoch – wie sich an den aufgeführten Praxisbeispielen gezeigt hat –, lassen sich explizite Deutungsansprüche umgehen, „ohne dass dies als Affront wahrgenommen wird. [...] Die Story drängt sich nicht auf. Sie gibt zu verstehen, statt verbal aufzutrumpfen, verführt statt zu überreden." (ebd.).

So sind z.B. die Geschichten von Hornbach symbolische Werbebotschaften, deren Interpretation bewusst den Konsumenten überlassen werden. Hier denkt der Zuschauer länger über die Botschaft, bzw. „die Moral der Geschichte" nach als bei klassischer Produktwerbung. Dagegen präsentiert Lidl in ihrem Image-Spot „Was gut ist" Denkanstöße zu möglichen Situationen im Leben, die den Menschen Freude bereiten, ohne dabei konkret auf das Unternehmen hinzuweisen. Die Allianz erzählt wiederum in ihrer Kundenzeitschrift ebenso Geschichten, wie die eines seltenen Apfelbaums, den „selbst die Allianz nicht versichern" (Allianz 2018, S. 74) kann und sammelt auf diese Weise Sympathiepunkte.

Doch auch in den anderen Beispielen, bei denen Produkte, Arbeitsweisen oder Zahlen und Fakten in den Mittelpunkt von Geschichten gerückt werden, zeigte sich, wie durch eine narrative Inszenierung durch Handlung und Figuren, die offensichtliche Werbeabsicht in den Hintergrund geraten kann. Das Beispiel von Bosch demonstriert die Leistungen der Soundsysteme anhand der Geschichte eines Stadionsprechers in Brasilien, stellt dabei die Leidenschaft des Hauptprotagonisten für seine Arbeit in den Vordergrund und zeigt lediglich am Ende in einer kurzen Szene, dass das Unternehmen mit seinen 500 eingebauten Lautsprechern „ein Teil" (Bosch/Lang 2014) des Geschehens in diesem Fußballstadion ist.

Aufgrund der bildhaften, bewegungsnahen und anschaulichen Wirkungen von narrativen Strukturen stellt sich Storytelling als effektives Instrument hinsichtlich der identitätsorientierten Markenführung und -entwicklung heraus (vgl. Herbst 2014a, S. 23). Mit diesem Mittel lassen sich bei den Konsumenten systematisch einheitliche und attraktive Vorstellungsbilder über die Marke erzeugen, die ebenso dazu dienlich sein sollen, sich von Wettbewerbern zu unterscheiden. Aldi versuchte sich z.B. durch eine ernste universale Themenwahl in positiver Erzählweise (vgl. Aldi 2016b, o.S.) von Konkurrenten abzuheben und rückte in den Mittelpunkt ihrer Kampagnen somit jedes Mal erneut Geschichten über die Reduzierung von Komplexität. Diese sollten sodann vom Publikum auf die Marke Aldi projiziert werden, sodass das Image dieser und der Kauf bei Aldi für Stressminimierung stehen. Dagegen ist Edeka für ihre zutiefst emotionalen Markenwerte bekannt. Sie drücken die Leidenschaft von Edeka zu ihren Produkten aus, die sich weiter auf das Verhältnis der Konsumenten zu Edeka-Produkten übertragen soll. Durch die Anwendung des Storytelling schaffen Marken nicht nur Wiedererkennungswerte, sondern multiplizieren damit die Aussagekraft ihrer Kampagnen (z.B. Aldi: „Einfach ist mehr") oder ihrer Slogans (z.B. Edeka: „Wir lieben Lebensmittel"), im Idealfall mit dem Ergebnis einer eindeutigen Identität und Profilierung im Wettbewerb.

Wie in Kapitel 2 erörtert wurde, zeigt sich, dass neben dem Ansatz der *Markenidentität* gleichzeitig der einer *Integrierten Kommunikation* für die Markenführung und -entwicklung von zentraler Bedeutung sind (vgl. Heun 2014b, S. 1). Damit wird die Marke unter heutigen Marktbedingungen als Konstrukt nicht nur des Unternehmens selbst, sondern als Konstrukt einer wechselseitigen Beziehung zwischen Selbst- und Fremdbild verstanden. Denn aufgrund des Paradigmenwechsels eines passiv- hin zu einem vermehrt aktiv-konsumierenden Werbeempfänger hat sich als Konsequenz gezeigt, dass Unternehmen zusehends weniger Einfluss auf die Botschaften ihrer Marken haben (Kapitel 2.3).

Als Hauptgrund für diesen Verlust der Markenverantwortlichen als oberstes Kontrollorgan[12] über die Werbebotschaften wird von vielen Autoren die Digitalisierung genannt (vgl. u.a. Jones 2012; Heun 2012). Diese ermöglichte im Besonderen die Entwicklung der dyadisch strukturierten Beziehung von Unternehmen zu Kunde zu einer triadischen Beziehung zwischen Unternehmen zu Kunde, Kunde zu Unternehmen und Kunde zu Kunde. Heutzutage können erstens Marken und Konsumenten untereinander kommunizieren und kooperieren und zweitens multimedial vernetzte Konsumenten die Marken untereinander bewerten (vgl. Abbildung 10: Modifiziertes Kommunikationsmodell, Rasch 2016, S. 90). So gehen nach Henseler Kommentare und Bewertungen aus den sozialen Netzwerken in das „Kommunikationsrepertoire einer Marke" (Henseler 2011, S. 117) ein und werden zum „essentiellen Bestandteil der Markenprägung." (ebd.).

Für Unternehmen hat dies folgende Konsequenzen: Sie müssen zum einen den digitalen Diskurs hinsichtlich ihrer Marke beobachten und zum anderen den Dialog zu digitalen Mediennutzern zulassen und ermöglichen. So zeigte das Beispiel von *Coca-Cola Journey,* wie persönliche Geschichten auch von Fans der Marke auf der Corporate-Website eingebunden werden, um ein besonders vertrauenswürdiges Erscheinungsbild von Coca-Cola zu erzeugen. Dies hat – neben der Glaubwürdigkeit, die persönliche Geschichten umgibt – auch den positiven Effekt, kostenlose Werbung (User Generated Content) für das Unternehmen zu generieren. In Zeiten der Digitalisierung können unterschiedliche Möglichkeiten der Interaktion, bzw. Kommunikation zwischen Marke und Konsument genutzt werden, welche in der Bandbreite von einer stärkeren Einbindung (vgl. Heun 2012; Weiss 2010) bis hin zum „Ende der One-Way-Communication" (Gaiser 2011, S. 16) reichen.

Trotz des „scheinbar breiten Konsenses" (Heun 2014b, S. 1) über die Markenentwicklung und -führung anhand der *Markenidentität* oder der *Integrierten Kommunikation,* stehen aufgrund der genannten Wandlungsprozesse durch die Digitalisierung wieder „größere" Zusammenhänge im Fokus der Debatte (Stichwort: „big tectonic shifts", Jones 2012). U.a. wegen der Individualisierung der Mediennutzung fordern manche Autoren Positionierungsmodelle, die

---

[12] Jowitt und Lury warnen jedoch angesichts der „Vielzahl an Herausforderungen" in Zeiten digitaler Medien vor der „Glorifizierung" des Konsumenten – „Consumer is not king." (Jowitt & Lury 2012, S. 96).

weniger „engstirnig" (Heun 2014b, S. 6) sind. So strebt Golant mit dem Konzept des „Practical Authorship" (Golant 2012, S. 125) eine flexiblere Vorgehensweise hinsichtlich der Positionierung und Identität einer Marke an. Durch eine Öffnung für Interaktionen und Dialoge (nach innen und außen) sind seiner Meinung nach die Positionierung und Identität der Marke als „dynamic, discursive ressource" (ebd.) zu betrachten. Theobald betont in diesem Zusammenhang die Nutzungskontexte digitaler Medien und die Entwicklung von „interaktiven Markenpositionierungen." (Theobald 2011, S. 103).

Jowitt und Lury (2012) merken wiederum bezüglich der Forderung nach neuen Markenmodellen an, dass die klassischen Modelle lediglich für die One-Way-Communication und klassischen Medien (single-minded-propositions) im Sinne eines Markenversprechens konzipiert wurden. Stattdessen sollten ihrer Meinung nach in Zeiten der Digitalisierung Positionierungsansätze mit Nachdruck der Produkt- und Servicevielfalt der Marke, ihren unterschiedlichen Zielgruppen und der Vielzahl an neuen Kanälen und *Touchpoints* gerecht werden (vgl. Heun 2014b).

Die Strategie des Storytelling knüpft an den Defiziten der Markenmodelle an. So zeigt das Beispiel Porsche, wie die, vermeintlich bisherigen Modellen wiedersprechende, Marke Panamera durch eine übergeordnete Geschichte die Produktvielfalt des Autokonzerns einheitlich und glaubwürdig nach außen präsentiert. Dadurch können problemlos neue Zielgruppen integriert werden, ohne dass die Identifizierungsmöglichkeit als „wahrer Porsche-Fahrer" abhandenkommt. Die Erweiterung der Zielgruppen mit Mitteln des Storytelling zeigte sich ebenso in anderen Praxisbeispielen. Auch Lego konnte durch die Fokussierung neuer Themenwelten rund um die Heldenreise über die Zielgruppe von Jungs hinaus auch Mädchen und Männer als Neukunden gewinnen.

Die werbliche Kommunikation durch narrative Formen, Techniken und Muster kann insofern zusammenfassend wegen ihrer Vielfältigkeit (vgl. Esders 2017, S. 202) und der universalen Positionierung anhand einer großen Rahmengeschichte als „Zaubermittel" (Thier 2005, S. 2) bezeichnet werden: „[Ihr] wird zugetraut, Orientierung zu geben, Interessen zu verallgemeinern und Menschen für gemeinsame Ziele zu begeistern." (Esders 2014, S. 9).

Nicht zuletzt macht sich „der Lobpreis des Erzählens" (ebd.) und die Notwendigkeit eines allumfassenden Anhaltspunktes in einer durch die Gesellschaft als komplex wahrgenommen Zeit auch zusehends im politischen Diskurs bemerkbar. In diesem Sinne beklagte Joachim Gauck in der europapolitischen Rede am 22. Februar 2013 im Schloss Bellevue: „Wir haben keine gemeinsame Erzählung, die über 500 Millionen Menschen in der Europäischen Union auf eine gemeinsame Geschichte vereint, die ihre Herzen erreicht und ihre Hände zum Gestalten animiert." (Gauck 2013, S. 3). In Europa fehle „eine große identitätsstiftende Erzählung, [ein] Gründungsmythos." (ebd.).

Doch Esders konstatiert, dass im gleichen Atemzug „dem Befund eines Mangels […] eine krasse Inflation des Erzählens auf allen Kanälen gegenüber[steht]" (Esders 2014, S. 10), die in vielen Bereichen der Gesellschaft (PR, Politik, Wirtschaft) längst als „Bedeutungsinvestitionen" (Münkler 2010, S. 8) betrachtet werden können. Denn nach Edsers seien Wahlkampf- und Marketingbudgets nichts Anderes als „Investitionen in das semantische, symbolische und narrative Kapital." (Esders 2014, S. 10). So habe ebenso das Storytelling „seine poetische Unschuld längst verloren. Vielfach ist Erzählen die Fortsetzung des Marketings mit den Mitteln der Literatur." (ebd.).

Dafür sprechen auch die zahlreichen Veröffentlichungen, Ratgeber oder auch Kartendecks, die das Anwenden der Storytelling-Strategie in „50 x 2 Minuten" (Hauer 2010, o.S.) oder in „30 Minuten" (Galvéz 2014, o.S.) versprechen. Für Manager ist es ein „Tool Kit" (Etzold 2013, S. 255) und Werbeleuten und Kreativen dient es als „Neuronengymnastik." (Heiser 2009, S. 9). Von Storytelling ist ebenso im Kontext der Lebensführung im Sinne eines ganzheitlichen Lebensstils die Rede (vgl. Gottschall 2012 o.S.). Aber vor allem sei diese Strategie nach Esders „Munition für Egoshooter" (Esders 2014, S. 14 in Anl. an Peter 2011, o.S.) nach dem Motto: „Wer Storys erzählt, steuert die Wirksamkeit seiner Aussagen und steigert Präsenz, Profil, Persönlichkeit." (Galvéz 2014, S. 7).

Vor dem Hintergrund eines „unglaublichen Boom[s]" (Sammer 2017a, S. 256f.) des Einsatzes von Geschichten in vielen Bereichen der Gesellschaft wie Bildung, Medizin, Politik, Mitarbeiterführung, etc., ist davon auszugehen, dass der Trend des Storytellings auch in Zukunft in der Marketingkommunikation weiter an Bedeutung gewinnen wird.

Geschichten vermögen Informationen zu bündeln und der Informationsüberlastung und möglichen Überforderung durch reine Fakten entgegenzuwirken. Sie ziehen die anvisierten Zielgruppen in den Bann, erhöhen die Glaubwürdigkeit von Werbebotschaften, bieten wenig Angriffsfläche, stellen Identifikationsmöglichkeiten bereit und werden als eigen erlebte Erfahrungen abgespeichert, da bei der „Rezeption einer guten Story [die] gleichen Gehirnregionen aktiviert [werden] wie beim eigenen Erleben." (Sammer 2017a, S. 239). Der vermehrte Einsatz des Storytellings in digitalen Medien bringt neben diesen Vorteilen auch neue Formen des Erzählens und „tiefgreifende Änderungen in Rollen, Kultur und Kommunikation der Beteiligten" (Herbst 2014b, S. 238) mit sich. Die aktive Teilhabe an einer vorgegebenen Geschichte, die durch die Rezipienten weitererzählt werden kann, wird mit aller Voraussicht Auswirkungen auf die Zukunft der Marketingkommunikation haben.

In Zukunft wird nach Sammer für den Erfolg von Werbekampagnen sowohl der Inhalt als auch die Form der Geschichten entscheidend sein. So kam bei einer Umfrage[13] des Trendforschungsinstitut *Latitude* heraus, dass Rezipienten eine gewisse „Experimentierfreudigkeit" (Sammer 2017a, S. 242f.) von Marketing- sowie Unternehmenskommunikation erwarten (vgl. ebd.): 94 % der Befragten äußern die Aufforderung an Unternehmen medial erzählte Geschichten (Text, Bild, Film) in der „realen Welt" weiterzuerzählen, indem Städte, Menschen und Objekte miteinbezogen werden (z.B. Augmented Reality). 91% der Befragten wünschen sich Storys in Echtzeit, sodass der Rezipient das Geschehen live verfolgen kann und somit Teil dessen wird. 87% würden eine Story gerne multiperspektivisch erleben, indem z.B. Events oder aktuelle Tagesgeschehen von mehreren fiktiven Helden erzählt werden. 78% wollen wiederum mit diesen Hauptfiguren über Social Media „befreundet" sein und wünschen sich außerhalb der eigentlichen Geschichten weitere Updates, z.B. über Textnachrichten (vgl. Gaskins 2013, o.S.).

In der Filmbranche wird bereits mit neuen Erzählformaten experimentiert, die nach Sammer ebenso für Marketing- und Unternehmenskommunikation interessant sein könnten. Die Serie „Dark Heart: the Secret of Haunting Melissa" verfolgt z.B. ein Konzept aus einer Mischung von Echtzeitkommunikation und dynamischem Storytelling. Bei jedem wiederholten Sehen einer Episode bekommen treue Fans weitere Details, die die Geschichte mit reichhaltigerem Inhalt versorgt oder die die Geschichte auch verändern können (vgl. ebd., S. 247).

Auch das „Internet der Dinge" wird in Zukunft Einfluss auf Erzählformate und -weisen haben. Es werden nicht nur Geschichten auf dem „second" und „third screen" (Fernseher, Computer/Tablet, Smartphone) erzählt, sondern darüber hinaus können intelligente Möbel, Kleidung („Wearable Electronics"), Displays auf Kühlschränken und in Räumen etc. mit in die Geschichte einbezogen werden (vgl. ebd.).

Bezüglich des Inhalts wünschen sich laut der *Latitude* Umfrage 88% der Befragten nachhaltige Geschichten, die „konkret etwas verbessern oder verändern, […] die Rezipienten zum Handeln aktivieren und die innerhalb des Storyverlaufs tatsächlich eine Wirkung erzielen." (Sammer 2017, S. 248). *Scarecrow*, die Geschichte über eine Vogelscheuche, von Chipotle Mexican Grill ist ein Beispiel für „nachhaltiges Erzählen" (ebd.). In dieser Geschichte wird die Positionierung des Unternehmens gegen Massentierhaltung und die Fastfood-Industrie in den USA veranschaulicht. Die Vogelscheuche arbeitet in einer von Robotern geführten und automatisierten Fabrik. Als sie nach Hause kommt, entdeckt sie auf ihrem kleinen Hof eine rote Paprika (der einzige Hinweis auf das Logo des Unternehmens), die sie dazu inspiriert,

---

[13] Es wurden 1.250 Experten, Meinungsbildner und Trendsetter bei dieser Umfrage befragt (vgl. Sammer 2017a, S. 242).

mehr Gemüse anzubauen und daraus ein lukratives Geschäft zu machen, das der Roboterfabrik zum ernsthaften Konkurrenten wird. Die Kampagne wurde um ein App-Spiel erweitert und sorgte für noch mehr Aufmerksamkeit als das Video. Damit bot die Kampagne wirklichen Mehrwert in Sachen Aufklärung über das Thema Herkunft von Kleinbauern und den Umgang mit Lebensmitteln (vgl. ebd.).

Hinsichtlich der Zielgruppen lässt sich jedoch nicht nur die Zunahme an aktiven Rezipienten erwarten, die wahrscheinlich die „anspruchsvollsten Rezipienten" (ebd., S. 251) darstellen, sondern nach Sammer liegt die Herausforderung der Marketingkommunikation von morgen darin, die Maßnahmen auf „extrem unterschiedliche Rezeptionsprofile auszurichten." (ebd., S. 250). Für den Einsatz von Storytelling bedeutet das, dass sowohl lineare als auch non-lineare Erzählformate erforderlich sind. Sammer unterscheidet hauptsächlich vier Rezeptionsprofile (vgl. ebd.):

Passive Rezipienten möchten in erster Linie unterhalten werden und verfolgen lineare Geschichten maximal über zwei Medien hinweg. *Realisten* reflektieren die Persuationstechniken des Storytellings und lassen sich nur auf Geschichten ein, wenn anhand der Prüfung von Hintergrundmaterialien und praktischen Apps und Tools, diese Geschichten einen Mehrwert bieten (vgl. ebd.). *Extrovertierte* möchten sich durch das Kommentieren und Teilen von Geschichten im Netz vor Anderen profilieren und ihren Status verbessern. *Spieler* möchten dagegen die Geschichte „aktiv entdecken, mitgestalten und weiterführen." (ebd.). Sie möchten von einer großen Vielfalt an Medien und Story-Plattformen überrascht werden, sind dazu bereit viel Zeit und Geld zu investieren und verlangen im Gegenzug ästhetische und motivierende Storys durch ihre Schöpfer (vgl. ebd.).

> „We found audiences are more ready than ever to embrace new tech-driven possibilities
> for stories to impact us more deeply: allowing us to see new points of view, inspiring us
> to live better, and even changing the ways we think about brands." (Gaskins 2013, o.S.).

Aufgrund der vielfältigen traditionellen bis hin zu dynamischen Einsatzmöglichkeiten des Storytellings ist davon auszugehen, dass das Geschichtenerzählen zukünftig in der Marketingkommunikation hinsichtlich einer persönlicheren Kommunikation mit den Zielgruppen und hinsichtlich Form, Inhalt und Intensität der Werbebotschaften eine entscheidende Rolle spielen wird, was schlussendlich das Verständnis der Marke und die Aufgaben des Markenmanagements grundlegend verändern wird.

6. Literaturverzeichnis

1&1 Digital Guide o.V.: Storytelling: Geschichten als Onlinemarketing-Maßnahme. 16.01.2018. Online unter https://hosting.1und1.de/digitalguide/online-marketing/verkaufen-im-internet/storytelling-geschichten-fuer-ihre-marketing-strategie/ [Abruf 28.08.2018].

Aaker, David A. et. al. (1992): Advertising Management. 4th ed., Englewood Cliffs/New Jersey: Prentice Hall.

Aldi (2016): TV-Spot. Online unter https://www.youtube.com/results?search_query=aldi+werbung+kinder [Abruf 28.08.2018].

Aldi (2016a): Kino-Spot „Die Götter". Online unter https://www.youtube.com/watch?v=tzoAKhSY2UU [Abruf 18.08.2018].

Aldi (2016b): Pressemitteilung „Einfach ist mehr": ALDI Nord und ALDI SÜD erstmals in TV, Radio und Kino. 08.09.2016. Online unter https://unternehmen.aldi-sued.de/de/presse/pressemitteilungen/unternehmen/2016/pressemitteilung-einfach-ist-mehr/ [Abruf 12.08.2018].

Algesheimer, René (2004): Brand Communities. Begriff, Grundmodell und Implikationen. Wiesbaden: Springer.

Allianz (2014): Schadenakte. Zwei mal drei macht vier? In: Kundenzeitschrift „1890 Allianz Magazin": Pflegefall – Alter kann schön sein, mit und ohne helfende Hände. Über Rentnerglück in Arizona, Demenz unter Palmen – und warum unser Model Anna so leuchtet. Ausg. 03/2014, S. 6-7.

Allianz (2016): Schadenakte. Außer Rand und Bond. In: Kundenzeitschrift „1890 Allianz Magazin": Verzicht – Weniger ist schwer, nicht nur für Kinder. Ein Heft über das Sparen. Ausg. 01/2016, S. 6-7.

Allianz (2018): „Ein so wertvoller Baum braucht einen besonderen Platz." In: Kundenzeitschrift „1890 Allianz Magazin": Jetzt geht's los. Siebenmal ein neuer Mensch, eine Familie, die ständig umzieht – und wie ein Ironman den Start erlebt. Ein Heft über den Anfang. Ausg. 01/2018, S. 74.

Aristoteles (2008): Poetik. Stuttgart: Reclam.

Arnoldy, Miriam (2016): Was ist eine gute Geschichte? In: Journal für korporative Kommunikation, 2, S. 22-36, 27.09.2016. Online unter http://journal-kk.de/miriam-arnoldy-was-ist-eine-gute-geschichte/ [Abruf 15.07.2018].

Audi Mediacenter: Audi Logo. Online unter https://www.audi-mediacenter.com/de/suche?utf8=%E2%9C%93&query=Audi%20Logo [Abruf 01.07.2018].

Automuseum Dr. Carl Benz (o.J.): Bertha Benz erzählt. Online unter https://bertha-benz-fahrt.de/3/geschichte.html [Abruf 08.07.2018].

Bal, Mieke (2009): Narratology. Introduction to the theory of narrative. 3. Aufl. Toronto: University of Toronto Press.

Balzter, Sebastian (2010): Jørgen Vig Knudstorp: König der Klötzchen. FAZ-Online, 15.03.2010. Online unter http://www.faz.net/aktuell/beruf-chance/mein-weg/j-rgen-vig-knudstorp-koenig-der-kloetzchen-1951198-p2.html [Abruf 30.08.2018].

Baumann, Stefan (2014): Markenführung durch Social Design – Warum im digitalen Zeitalter Beziehungen zum Kapital von Marken werden und warum Brand Communities die ersten Marken-Medien sind. In: Dänzler, Stefanie/Heun, Thomas (Hrsg.): Marke und digitale Medien. Der Wandel des Markenkonzepts im 21. Jahrhundert, S. 297-309. Wiesbaden: Springer Fachmedien.

Baumgarth, Carsten (2008): Markenpolitik. Wiesbaden: Gabler.

Bazil, Vazrik/Wöller, Roland (Hrsg.): Rede als Führungsinstrument. Wirtschaftsrhetorik für Manager – ein Leitfaden. Wiesbaden: Gabler.

BBDO Consulting (2009): Brand Parity Studie 2009. Online unter file:///C:/Users/Julia/AppData/Local/Temp/BBDO%20Consulting.%20Brand%20Parity%20Studie%202009.%20Düsseldorf,%20Februar%202009.pdf [Abruf 08.07.2018].

Beck, Ulrich/Beck-Gernsheim, Elisabeth (1994): Individualisierung in modernen Gesellschaften – Perspektiven und Kontroversen einer subjektorientierten Soziologie. In: Beck, Ulrich/Beck-Gernsheim, Elisabeth (Hrsg.): Riskante Freiheiten. Individualisierung in modernen Gesellschaften, S. 10-39. Frankfurt a.M.: Suhrkamp.

Beck, Ulrich/Beck-Gernsheim, Elisabeth (Hrsg.) (1994): Riskante Freiheiten. Individualisierung in modernen Gesellschaften. Frankfurt a.M.: Suhrkamp.

beewell Business Events (2013): Der Hornbach-Hammer: Mit Storytelling und Knappheitsmarketing auf der Erfolgsspur. 20.07.2013. Online unter https://www.best-practice-business.de/blog/marketing-viral/2013/07/20/der-hornbach-hammer-mit-storytelling-und-knappheitsmarketing-auf-der-erfolgsspur/ [Abruf 28.08.2018].

Bendel, Oliver (2018): Prosument. 14.02.2018. Online unter https://wirtschaftslexikon.gabler.de/definition/prosument-54019/version-277075 [Abruf 06.07.2018].

Bentele, Günter et. al. (Hrsg.) (2008): Handbuch der Public Relations. Wissenschaftliche Grundlagen und berufliches Handeln. Wiesbaden: Springer VS.

Bialek, Catrin (2012): Coca Colas neues Profil Story-Telling statt schnöder Werbung. Handelsblatt-Online, 25.11.2012. Online unter https://www.handelsblatt.com/unternehmen/energie/coca-colas-neues-profil-story-telling-statt-schnoeder-werbung/7407472.html?ticket=ST-4625415-NPUWl6ON4BsbKO7ubhwY-ap4 [Abruf 30.08.2018].

Bialek, Catrin (2015): Edeka und der vorgetäuschte Tod. Handelsblatt-Online, 30.11.2015. Online unter https://www.handelsblatt.com/unternehmen/it-medien/heimkommen-spot-edeka-und-der-vorgetaeuschte-tod/12657984.html?ticket=ST-459596-IuPcwKs2jTU43JTI5voU-ap4 [Abruf 20.08.2018].

Bibliographisches Institut (a): Werbespruch. Online unter https://www.duden.de/rechtschreibung/Werbespruch [Abruf 20.06.2018].

Bibliographisches Institut (b): Moorhuhnjagd. Online unter https://www.duden.de/suchen/dudenonline/moorhuhnjagd [Abruf 28.08.2018].

Bilandzic, Helena/Kinnebrock, Susanne (2006): Persuasive Wirkungen narrative Unterhaltungsangebote. Theoretische Überlegungen zum Einfluss von Narrativität auf Transportation. In: Wirth, Werner et. al. (Hrsg.): Unterhaltung durch Medien. Theorie und Messung, S. 102-126. Köln: Herbert von Halem.

Blendtec/Tom Dickson (o.J.): Online unter https://www.youtube.com/watch?v=lAl28d6tbko [Abruf 08.08.2018].

Bosch/Lang, Christian (2014): Spot „Bosch – The Sound of the Game". Online unter https://vimeo.com/97909347 [Abruf 17.08.2018].

Bourdieu, Pierre (1979): Die feinen Unterschiede. Kritik der gesellschaftlichen Urteilskraft. Frankfurt a.M.: Suhrkamp 2014.

BR/Gustav Freytag (2015): Literatur-Theorie Was ist eigentlich ein Drama? Bayrischer Rundfunk-Online, 12.01.2015. Online unter https://www.br.de/telekolleg/faecher/deutsch/literatur/drama-dramatische-handlung-100.html [Abruf 23.07.2018].

BrandTrust o.V. (o.J.): Storytelling: Marken leben von ihren Geschichten. Online unter https://www.brand-trust.de/de/artikel/2015/Storytelling-Marken-leben-von-Geschichten.php [Abruf 07.07.2018].

Bredl, Samuel (2015): 5 Gründe warum Storytelling im Unternehmen funktioniert. 25.09.2015. Online unter https://www.takeoffpr.com/blog/storytelling-im-unternehmen [Abruf 08.07.2018].

Brehm, Kristina (2014): Werbeslogans: Coca-Cola bringt den Zeitgeist auf den Punkt. 16.09.2018. Online unter https://www.coca-cola-deutschland.de/zeitgeist-auf-den-punkt-gebracht-coca-cola-werbeslogans [Abruf 28.08.2018].

Bruhn, Manfred (Hrsg.): Handbuch Markenartikel: Anforderungen an die Markenpolitik aus Sicht von Wissenschaft und Praxis. Stuttgart: Schäffer-Poeschel.

Brümmer, Elmar (2014): Essay. Schwarz. In: Wörwag (Hrsg.) (2014): Finishextra, S. 22. Stuttgart: Wörwag

Bruner, Jerome (1986): Actual minds. Possible worlds. Cambridge: Harvard University Press.

Bruner, Jerome (2002): Making stories. Law, literature, life. Cambridge: Harvard University Press.

Bryson, Lyman (Hrsg.) (1948): The Communication of Ideas. A Series of Addresses. New York: Harper and Brothers.

Burmann, Christoph et. al. (2005): Markenmanagement – Identitätsorientierte Markenführung und praktische Umsetzung. 2. Aufl. Wiesbaden: Springer Gabler.

Burmann, Christoph et. al. (2012): Identitätsbasierte Markenführung. Wiesbaden: Springer Gabler.

Burmann, Christoph/ Markgraf, Daniel (2018): Markenpositionierung. Online unter https://wirtschaftslexikon.gabler.de/definition/markenpositionierung-37775/version-261206 [Abruf 28.06.2018].

Buß, Eugen (2012): Managementsoziologie. Grundlagen, Praxiskonzepte, Fallstudien, 3. überarb. Aufl. Oldenbourg, München: Oldenbourg Wissenschaftsverlag.

Callahan, Sean (2017): Our 5 Favorite B2B Marketing Campaigns of 2016. 04.01.2017. Online unter https://business.linkedin.com/marketing-solutions/blog/linkedin-b2b-marketing/2017/our-five-favorite-b2b-marketing-campaigns-of-2016 [Abruf 25.07.2018].

Campbell, Joseph (1949): Der Heros in tausend Gestalten. Aus dem amerikanischen v. Karl Koehne. Berlin 2011: Suhrkamp Insel.

Campillo-Lundbeck, Santiago (2016): 6 Gründe, warum Aldi nicht mehr auf TV verzichten kann. Horizont-Online, 01.07.2016. Online unter https://www.horizont.net/marketing/kommentare/Discount-6-Gruende-warum-Aldi-nicht-mehr-auf-TV-verzichten-kann-141140 [Abruf 01.09.2018].

Campillo-Lundbeck, Santiago (2016a): Das ist das TV-Debüt des Discount-Riesen. Horizont-Online, 08.09.2016. Online unter https://www.horizont.net/marketing/nachrichten/Aldi-Das-ist-das-TV-Debuet-des-Discount-Riesen-142624 [Abruf 01.09.2018].

Campillo-Lundbeck, Santiago (2016b): Warum jetzt auch Göttervater Zeus bei dem Discounter einkauft. Horizont-Online, 17.10.2016. Online unter https://www.horizont.net/marketing/nachrichten/Aldi-Kinospot-Warum-jetzt-auch-Goettervater-Zeus-bei-dem-Discounter-einkauft-143469 [Abruf 01.09.2018].

Chen, Tsai (2015): The persuasive effectiveness of mini-films: Narrative transportation and fantasy proneness. In: D'Alessandro Steven/Schuitema, Geertja (Hrsg.): Journal of Consumer Behaviour, Nr. 14, S. 21-27. Chicago: University of Chicago Press.

Choi, Yun-Seul/Shin, Il-Gi (2014): A study on the Effects of Storytelling Advertising. In: Journal of Digital Convergence, Bd. 12, Ausg. 10/2014, S. 541-556. Daejeon, Südkorea: The Society of Digital Policy and Management.

Coca-Cola Journey o.V. (2013): Die Geschichte der Coca-Cola Werbung: Kommunikation von Anfang an. 17.04.2013. Online unter https://www.coca-cola-deutschland.de/stories/kommunikation-von-anfang-an [Abruf 28.08.2018].

Coca-Cola Journey o.V. (2015a): Coca-Cola Journey: Echte Geschichten für echte Leser. Das Online-Magazin von Coca-Cola feiert zweiten Geburtstag. 29.04.2015. Online unter https://www.coca-cola-deutschland.de/media-newsroom/pressemitteilungen/coca-cola-journey-echte-geschichten-fuer-echte-leser [Abruf 28.08.2018].

Coca-Cola Journey o.V. (2017): Wer ist dieser Mann? Die Wahrheit über Santa Claus. 18.12.2017. Online unter https://www.coca-cola-deutschland.de/wer-ist-dieser-mann-die-wahrheit-ueber-santa-claus [Abruf 28.08.2018].

Coca-Cola Journey o.V. (2018): Die Fanta Story: eine Erfindung ‚Made in Germany'. 26.09.2018. Online unter https://www.coca-cola-deutschland.de/stories/made-in-germany-fanta-ist-eine-erfindung-aus-essen [Abruf 28.08.2018].

Coca-Cola Journey o.V. (o.J.): Fakten. Online unter https://www.coca-cola-deutschland.de/coca-cola-fakten# [Abruf 28.08.2018].

Csíkszentmihályi, Mihaly (2018): Flow – Das Geheimnis des Glücks. 4. Aufl. Stuttgart: Klett-Cotta.

Daimler o.V. (o.J.): Bertha Benz (geb. Cäcilie Bertha Ringer) Gründer und Wegbereiter. Online unter https://www.daimler.com/konzern/tradition/gruender-wegbereiter/bertha-benz.html [Abruf 08.07.2018].

Dänzler, Stefanie (2014): Agile Branding – wie das digitale Werbegut die Kommunikation verändert. In: Dänzler, Stefanie/Heun, Thomas (Hrsg.): Marke und digitale Medien. Der Wandel des Markenkonzepts im 21. Jahrhundert, S. 17-32. Wiesbaden: Springer Gabler.

Dänzler, Stefanie/Heun, Thomas (Hrsg.) (2014): Marke und digitale Medien. Der Wandel des Markenkonzepts im 21. Jahrhundert. Wiesbaden: Springer.

De Barnier, Virginie (2015): Consumer Emotional Reactions to Television Advertising and Their Effects on Attitude Toward the Ad and Attitude Toward the Brand. In: Spotts, Harlan E./Meadow, H. Lee (Hrsg.): Proceedings of the 2000 Academy of Marketing Science (AMS) Annual Conference, S. 23-31. Heidelberg et. al.: Springer.

Denning, Stephen (2005): The Leader's Guide to Storytelling: Mastering the Art and Discipline of Business Narrative. San Francisco: Jossey-Bass.

Dierig, Carsten (2018): Lego hat ein „Star Wars"-Problem. Die Welt-Online, 16.02.2018. Online unter https://www.welt.de/wirtschaft/article173624812/Lego-hat-ein-Star-Wars-Problem.html [Abruf 28.08.2018].

Di Pellegrino, G. et. al. (1992): Understanding motor events: a neurophysiological study. In: Experimental brain research. Bd. 91, Nr. 1/1992, S.176-180. Online unter http://www.fulminiesaette.it/_uploads/foto/legame/DiPellegrinoEBR92.pdf [Abruf 12.08.2018].

Disterer, Georg/Kleiner, Carsten (2014): Mobile Endgeräte im Unternehmen. Technische Ansätze, Compliance-Anforderungen, Management. Wiesbaden: Springer Vieweg.

Domizlaff (1994): Grundgesetze der natürlichen Markenbildung. In: Bruhn, Manfred (Hrsg.): Handbuch Markenartikel: Anforderungen an die Markenpolitik aus Sicht von Wissenschaft und Praxis, Teilbd. 2, S. 689-724. Stuttgart: Schäffer-Poeschel.

Dumalaon, Janelle (2015): German supermarket's Christmas ad goes viral. Deutsche Welle, 30.11.2015. Online unter https://www.dw.com/en/german-supermarkets-christmas-ad-goes-viral/a-18884504 [Abruf 02.08.2018].

Dunker, Nina (2003): Merchandising als Instrument der Markenführung – Ausgestaltungsformen und Wirkungen. In: Burmann, Christoph (Hrsg.): LiM-Arbeitspapiere, Nr. 5, Bremen: LiM.

Duthel, Heinz (2014): Die PR- und Pressefibel: Zielgruppenmarketing - Social Media - PR Portal, Presseportal für Pressemitteilungen und Pressemeldungen. Norderstedt: Books on Demand.

Düweke, Esther et. al. (2015): Erfolgreiche Websites - SEO, SEM, Online-Marketing, Usability. Bonn: Rheinwerk.

Edeka (2013): Spot „Da freut sich der Panda". Online unter https://www.youtube.com/watch?v=9FLXqZSe7YE [Abruf 02.07.2018].

Edeka (2014): Spot „Supergeil". Online unter https://www.youtube.com/watch?v=jxVcgDMBU94 [Abruf 02.08.2018].

Edeka (2015): Weihnachtsspot #heimkommen. Online unter https://www.youtube.com/watch?v=V6-0kYhqoRo [Abruf 10.08.2018].

Elliott, Richard/Yannopoulou, Natalia (2007): The nature of trust in brands: a psychosocial model. In: European Journal of Marketing, Bd. 41, Nr. 9/10, S. 988-998. Bingley: Emerald Publishing Limited.

Entman, Robert M. (1993): Framing: Toward clarification of a fractured paradigm. In: Journal of Commununication 43(4), S. 51-58.

Ernst & Young o.V. (o.J.): This is our EY story. Online unter https://www.ey.com/de/de/careers/students/the-ey-difference [Abruf 15.09.2018].

Esch, Franz-Rudolf (Hrsg.) (2000): Moderne Markenführung. 2. Aufl. Wiesbaden: Springer Fachmedien.

Esch, Franz-Rudolf et. al. (2000): Herausforderungen des Markenmanagements. In: Esch, Franz-Rudolf (Hrsg.): Moderne Markenführung. 2. Aufl., S. 3-60. Wiesbaden: Springer Fachmedien.

Esders, Michael (2014): Ware Geschichte. Die poetische Simulation einer bewohnbaren Welt. Bielefeld: Aisthesis Verlag.

Esders, Michael (2017): Werbung. In: Martínez, Matías (Hrsg.): Erzählen: Ein interdisziplinäres Handbuch. Stuttgart: J.B. Metzler.

Ettl-Huber, Silvia (2017): Storytelling, das Internet und die Marketingkommunikation – Wie Storytelling mit dem Internet an Bedeutung gewann und was sich daraus für die Marketingkommunikation lernen lässt. In: Schach, Annika (Hrsg.): Storytelling: Geschichten in Text, Bild und Film, S. 91-98. Wiesbaden: Springer Fachmedien.

Ettl-Huber, Silvia (Hrsg.) (2014): Storytelling in der Organisationskommunikation. Theoretische und empirische Befunde. Wiesbaden: Springer VS.

Etzold, Veit (2013): „Der weiße Hai" im Weltraum. Storytelling für Manager. Weinheim: Wiley-VCH.

Etzold, Veit (2017): Wenn Sie nicht anders sind, seinen Sie besser billig – Wie sich Unternehmen mit einer guten Story in einer überkommunizierten Welt differenzieren. In: Schach, Annika (Hrsg.): Storytelling: Geschichten in Text, Bild und Film, S. 3-11. Wiesbaden: Springer Fachmedien.

Fahrenwald, Claudia (2011): Der narrative turn in den Kultur- und Sozialwissenschaften. In: Fahrenwald, Claudia (Hrsg.): Erzählen im Kontext neuer Lernkulturen, S. 82-97. Wiesbaden: Springer Fachmedien.

Fahrenwald, Claudia (Hrsg.) (2011): Erzählen im Kontext neuer Lernkulturen. Wiesbaden: Springer Fachmedien.

Farin, Tim (o.J.): Marlboro-MannWerbe-Ikonen müssen nicht leben. Stern-Online. Online unter https://www.stern.de/wirtschaft/news/marlboro-mann-werbe-ikonen-muessen-nicht-leben-3262112.html [Abruf 15.09.2018].

Feige, Achim (2007): Brand Future. Praktisches Markenwissen für die Marktführer von morgen. Zürich: Orell Füssli.

Femers-Koch, Susanne/Molthagen-Schnöring, Stefanie (2018): Textspiele in der Wirtschafts-kommunikation. Texte und Sprache zwischen Normierung und Abweichung. Wiesbaden: Springer Fachmedien.

Fortis PR o.V. (2014): Best Practices für PR-Storytelling – LEGO. 06.05.2014. Online unter http://www.fortispr.org/pr-storytelling-lego/ [Abruf 15.09.2018].

Frenzel, Karolina (2008): Storytelling für Führungskräfte. Kommunizieren und führen mit authentischen Geschichten. In: Bazil, Vazrik/Wöller, Roland (Hrsg.): Rede als Führungsinstrument. Wirtschaftsrhetorik für Manager – ein Leitfaden, S. 173-188. Wiesbaden: Gabler.

Frenzel, Karolina et. al. (2004): Storytelling: das Harun-al-Raschid-Prinzip; die Kraft des Erzählens fürs Unternehmen nutzen. München/Wien: Carl Hanser.

Frenzel, Karolina et. al. (2006): Storytelling. Das Praxisbuch. München/Wien: Carl Hanser.

Freytag, Gustav (2012): Die Technik des Dramas. Berlin: Autorenhaus.

Friedrich, Andreas (2013): Storytelling in Onlinewerbefilmen: Warum sich Geschichten im Web 2.0 so gut verkaufen. Hamburg: Diplomica.

Fuchs, Werner T. (2009): Warum das Gehirn Geschichten liebt. Mit den Erkenntnissen der Neurowissenschaft zu zielgruppenorientiertem Marketing. München: Haufe-Lexware.

Fuchs, Wolfgang/Unger, Fritz (2014): Management der Markenkommunikation. 5. überarb. Aufl. Berlin/Heidelberg: Springer Gabler.

Gaiser, Brigitte (2011): Aufgabenbereiche und aktuelle Problemfelder der Markenführung. In: Theobald, Elke/Haisch, Philip T. (Hrsg.): Brand Evolution. Moderne Markenführung im digitalen Zeitalter, S. 3-38. Wiesbaden: Springer Gabler.

Gálvez, Cristián (2014): 30 Minuten Storytelling. 4., überarb. Aufl. Offenbach: GABAL.

Gaskins, Kim (2013): The future of Storytelling is Here: Latitude Study Decodes What Audiences Want. Latitude, 07.08.2013. Online unter http://www.prweb.com/releases/2013/8/prweb10995922.htm [Abruf 1.10.2018].

Gauck, Joachim (2013): Gauck-Rede im Wortlaut: „Vertrauen erneuern – Verbindlichkeit stärken". 22.02.2013. Online unter http://www.faz.net/aktuell/politik/inland/gauck-rede-im-wortlaut-vertrauen-erneuern-verbindlichkeit-staerken-12090513-p3.html [Abruf 29.09.2018].

Gazdar, Kaevan/Kirchhoff, Klaus R. (2008): Strategische Unternehmenskommunikation: Kunden, Investoren, Mitarbeiter und Öffentlichkeit überzeugen. München: Finanz-Buch.

Gläser, Martin (2014): Medienmanagement. 3. Aufl. München: Vahlen.

Gnann, Carmen (2008): Angewandte Markenforschung. Electronic Design Automation im Hochfrequenz-Markt. Hamburg: Diplomica.

Golant, Benjamin D. (2012): Bringing the corporate brand to life: The brand manager as a practical author. In: Journal of Brand Management, 20(2), S. 115-127.

Goldschmidt, Bastian (2016): Storytelling ist tot. Es lebe Narrative Branding! Online unter https://apgd.de/2016/12/12/storytelling-ist-tot-es-lebe-narrative-branding/ [Abruf 15.08.2018].

Gottschall, Jonathan (2012): The storytelling animal. How stories make us human. Bosten: First Mariner Books.

Guber, Peter (2011): Tell to Win: Mit Storytelling beeindrucken, überzeugen und ans Ziel kommen. Heidelberg et. al.: mitp.

Gutjahr, Gert (2015): Markenpsychologie. Wie Marken wirken - Was Marken stark macht. Wiesbaden: Springer Gabler.

Hamburger Morgenpost o.V. (2013): Vom 13-Tonner zum Einpfünder Gewinnen Sie den Panzerstahl-Hammer. Mopo-Online, 05.08.13. Online unter https://www.mopo.de/hamburg/vom-13-tonner-zum-einpfuender-gewinnen-sie-den-panzerstahl-hammer-4326190 [Abruf 15.09.2018].

Hanimann, Joseph (2007): Recht hat, wer eine Geschichte erzählt. In: Frankfurter Allgemeine Zeitung, 10.12.2007, Nr. 287.

Hanlon, Patrick (2014): The Social Code. Patrick Hanlon; Paperback edition.

Harrigan, Kathryn R. (1989): Unternehmensstrategien für reife und rückläufige Märkte. Frankfurt a.M.: Campus.

Hauer, Sigrid (2010): Storytelling: Businessmetaphern in 50 x 2 Minuten. Berlin. Diese Publikation ist kein Buch, sondern ein „Kartendeck".

Heding, Tilde et. al. (2009): Brand Management: Research, Theory and Practice. Abingdon Oxon.

Heiser, Albert (2009): Bullshit Bingo. Storytelling für Werbetexte. Berlin: Creative Game.

Henderson, Bruce (1989): The origin of strategy. Harvard Bus Rev.

Henseler, Wolfgang (2011): Social Media Branding. Markenbildung im Zeitalter von Web 2.0 und App-Computing. In: Theobald, Elke/Haisch, Philipp T. (Hrsg.): Brand Evolution. Moderne Markenführung im digitalen Zeitalter, S. 111-126. Wiesbaden: Springer Gabler.

Herbst, Dieter Georg (2014): Storytelling (PR-Praxis). Bd. 15, 3. Aufl. Konstanz/ München: UVK Verlagsgesellschaft.

Herbst, Dieter Georg (2014a): Digital Brand Storytelling – Geschichten am digitalen Lagerfeuer? Online unter
https://www.researchgate.net/profile/Dieter_Adlmaier-Herbst/publication/275517373_Storytelling_in_der_Markenfuhrung/links/56f1279c08ae519284fbda0d/Storytelling-in-der-Markenfuehrung.pdf
[Abruf 17.08.2018].

Herbst, Dieter Georg (2014b): Digital Brand Storytelling – Geschichten am digitalen Lagerfeuer? In: Dänzler, Stefanie/Heun, Thomas (Hrsg.): Marke und digitale Medien. Der Wandel des Markenkonzepts im 21. Jahrhundert, S. 223-242. Wiesbaden: Springer.

Herbst, Dieter Georg/Musiolik, Thomas Heinrich (2015): Digitale Markenführung – Wie Sie starke Marken in digitalen Medien aufbauen und entwickeln. Berlin: epubli.

Herbst, Dieter Georg/Musiolik, Thomas Heinrich (2017): Digital Storytelling als intensives Erlebnis – Wie digitale Medien erlebnisreiche Geschichten in der Unternehmenskommunikation ermöglichen. In: Schach, Annika (Hrsg.): Storytelling: Geschichten in Text, Bild und Film, S. 33-59. Wiesbaden: Springer Fachmedien.

Herman, David et. al. (2005): The Routledge Encyclopedia of Narrative Theory. London/New York: Routledge.

Hermann, Christoph (1999): Die Zukunft der Marke. Mit effizienten Führungsentscheidungen zum Markterfolg. Frankfurt a.M.: Frankfurter Allgemeine Zeitung.

Heun, Thomas (2012): Marken im Social Web. Zur Bedeutung von Marken in Online-Diskursen. Wiesbaden: Springer Gabler.

Heun, Thomas (2014a): Die Erweckung des Verbrauchers – Zum Nutzen von Marken im Zeitalter digitaler Medien. In: Dänzler, Stefanie/Heun, Thomas (Hrsg.): Marke und digitale Medien. Der Wandel des Markenkonzepts im 21. Jahrhundert, S. 33-48. Wiesbaden: Springer.

Heun, Thomas (2014b): Total Digital? Zum Wandel des Markenkonzepts im 21. Jahrhundert, in Dänzler, Stefanie/Heun, Thomas (Hrsg.): Marke und digitale Medien. Der Wandel des Markenkonzepts im 21. Jahrhundert, S. 1-13. Wiesbaden: Springer.

Hillmann, Mirco (2011): Storytelling. Mit Geschichten Unternehmen gestalten. In: Hillmann, Mirco (Hrsg.): Unternehmenskommunikation kompakt, S. 63-73. Wiesbaden: Springer.

Hillmann, Mirco (Hrsg.) (2011): Unternehmenskommunikation kompakt. Wiesbaden: Springer.

Hilzensauer, Andrea (2014): Storytelling – Mit Geschichten Marken führen. In: Ettl-Huber, Silvia (Hrsg.): Storytelling in der Organisationskommunikation. Theoretische und empirische Befunde, S. 87-102. Wiesbaden: Springer VS.

Horizont o.V. (2014): Sixt – Die Top 10 Kampagnen des Autovermieters. 20.10.2014. Online unter https://www.horizont.net/marketing/charts/Sixt-Die-Top-10-Kampagnen-des-Autovermieters-130987 [Abruf 15.06.2018].

Hornbach (2013a): Spot „Der Hornbach-Hammer". Online unter https://www.youtube.com/watch?time_continue=34&v=StOGdOFJv1Q [Abruf 09.09.2018].

Hornbach/Bosch, Pep (2013): Spot „Jede Veränderung braucht einen Anfang". Online unter https://vimeo.com/27285395 [Abruf 09.09.2018].

Huck-Sandhu, Simone (2014): Corporate Messages entwickeln und steuern. In: Zerfaß Ansgar/Piwinger, Manfred (Hrsg.): Handbuch Unternehmenskommunikation. Strategie, Management, Wertschöpfung. 2. Aufl., S. 651-670. Wiesbaden: Springer Gabler.

Ikea Deutschland (2015): Spot „Hellmuth Karasek rezensiert den Ikea-Katalog". Online unter https://www.youtube.com/watch?v=8mP0hwWEiko [Abruf 09.07.2018].

Ikea Singapur (2014): Spot „Experience the power of a bookbook". Online unter https://www.youtube.com/watch?v=MOXQo7nURs0 [Abruf 09.07.2018].

Ikea Spanien (2013): Spot „Start Something New: The unlimited potential of a chair". Online unter https://vimeo.com/73919392 [Abruf 01.07.2018].

Jacoby, Jacob (1977): Information Load and Decision Quality: Some Contested Issues. In: Journal of Marketing Research, Vol. 14, No. 4, S. 569-573.

Jänisch, Stefan (2016): Der HORNBACH Hammer: Kult-Klassiker des Storytellings. 04.06.2016. Online unter http://www.startup-humor.de/hornbach-hammer/ [Abruf 09.09.2018].

Jauernig, Henning (2014): Spielzeugfirma Lego Klötzchen statt kleckern. Spiegel-Online, 09.04.2014. Online unter http://www.spiegel.de/wirtschaft/unternehmen/die-erfolgsgeschichte-von-lego-a-955398.html [Abruf 19.09.2018].

Jenkins, Henry (2007): Transmedia storytelling. Eigener Weblog. 21.03.2007. Online unter http://henryjenkins.org/blog/2007/03/transmedia_storytelling_101.html [Abruf 09.08.2018].

Jones, Robert (2012): Five ways branding is changing. In: Journal of Brand Management, 20, S. 77-79. 21.09.2012. https://doi.org/10.1057/bm.2012.51.

Jowitt, Henrietta/Lury, Giles (2012): Is it time to reposition positioning? In: Journal of Brand Management, 20, S. 96-103. 21.09.2012. doi:10.1057/bm.2012.51.

Kapferer, Jean-Noel (1992): Die Marke – Kapital des Unternehmens. Landsberg/Lech: Mi-Wirtschaftsbuch.

Karmasin, Helene (2004): Produkte als Botschaften – Konsumenten, Marken, Produktstrate-gien. 2. Aufl. München: Redline.

Kirby, Justin/Marsden, Paul (Hrsg.) (2006): Connected marketing: the viral, buzz and word of mouth revolution. Oxford: Butterworth-Heinemann.

Knieper, Thomas/Müller, Marion G. (2001): Kommunikation visuell. Das Bild als For-schungsgegenstand – Grundlagen und Perspektiven. Köln: Herbert von Halem.

Kollmann, Tobias/Esch, Franz-Rudolf (2011): Viral Marketing. 19.02.2018. Online unter https://wirtschaftslexikon.gabler.de/definition/viral-marketing-50227/version-273449 [Abruf 02.08.2018].

Konradin-Verlag o.V. (2018): Das Handwerk des Erzählens. BM-Serie „Kundenbindung mit Storytelling". Teil 4, 04.07.2018. Online unter https://www.bm-online.de/wissen/unternehmensfuehrung/das-handwerk-des-erzaehlens/ [Abruf 12.09.2018].

Koschnik, Wolfgang J. (1996): Standard-Lexikon – Werbung, Verkaufsförderung, Öffent-lichkeitsarbeit. Stuttgart: Schäffer-Poeschel.

Koschnik, Wolfgang J. (2010): Medienkonvergenz. Zusammenwachsen von Fernsehen, Inter-net, Telekommunikation. In: Bundeszentrale für politische Bildung (Hrsg.): Tele-Visionen. Fernsehgeschichte in West und Ost. Online unter https://www.bpb.de/system/files/dokument_pdf/GuS_37_Medienkonvergenz.pdf [Abruf 23.06.2018].

Köster, Lars (2006): Markenstärkemessung unter besonderer Berücksichtigung von Konsu-mentenheterogenität. Wiesbaden: Deutscher Universitätsverlag.

Krauss, Charlotte et. al. (Hrsg.): „Storytelling" in der Romania: Die narrative Produktion von Identität nach dem Ende der großen Erzählungen. Münster: LIT.

Kreiswirth, Martin (1995): ‚Tell Me a Story'. The Narrativist Turn in the Human Sciences. In: Kreiswirth, Martin/Carmichael, Thomas (Hrsg.): Constructive Criticism. The Human Sciences in the Age of Theory, S. 61-87. Toronto: University of Toronto Press.

Kreiswirth, Martin/Carmichael, Thomas (Hrsg.) (1995): Constructive Criticism. The Human Sciences in the Age of Theory. Toronto: University of Toronto Press.

Krischke, Ben (2015): Storytelling. Es war einmal ein Buzzword. In: Werben & Verkaufen, Nr. 48/2015, S. 18-23.

Kroeber-Riel, Werner/Esch, Franz-Rudolf (2000): Strategie und Technik der Werbung. Ver-haltenswissenschaftliche Ansätze. 5. bearb. und erw. Aufl. Stuttgart et. al.: W. Kohl-hammer.

Krüger, Florian (2015): Corporate storytelling. Theorie und Empirie narrativer Public Relati-ons in der Unternehmenskommunikation. Wiesbaden: Springer VS.

Krüger, Florian (2017): Corporate Storytelling – Narrative Public Relations zwischen Fakt und Fiktion. In: Schach, Annika (Hrsg.): Storytelling: Geschichten in Text, Bild und Film, S. 99-108. Wiesbaden: Springer Fachmedien.

Küpers, Wendelin et. al. (2013): Strategy as Storytelling: A Phenomenological Collaboration. In: Journal of Management Inquiry, Bd. 22, S. 83-86. Newbury Park California: Sage Periodicals Press.

Langner, Sascha (2007): Viral Marketing. Wie Sie Mundpropaganda gezielt auslösen und Gewinn bringend nutzen. 2. Aufl. Wiesbaden: Gabler.

Lasswell, Harold D. (1948): The Structure and Function of Communication in Society. In: Bryson, Lyman (Hrsg.): The Communication of Ideas. A Series of Addresses, S. 32-51. New York: Harper and Brothers.

László, Janos (2008): The science of stories. In: An introduction to narrative psychology. New York: Routledge.

Leiss, William et. al. (1997): Social Communication in Advertising. 2. Aufl. Toronto/New York: Routledge.

Lenz, Siegfried (1970): Kleines Gnadengesuch für die Geschichte. In: Beziehungen. Ansichten und Bekenntnisse zur Literatur. Hamburg: Hoffmann und Campe.

Lidl (2015): Image-Spot „Was gut ist". Online unter https://www.youtube.com/watch?v=xGcuqznJyHY [Abruf 02.07.2018].

Lischka, Konrad (2007): Virales Marketing. Dieser Mixer kriegt das iPhone klein. Spiegel-Online, 11.07.2007. Online unter http://www.spiegel.de/netzwelt/web/virales-marketing-dieser-mixer-kriegt-das-iphone-klein-a-493746.html [Abruf 13.09.2018].

Löhr, Jörg (2015): Mit Storytelling Aufmerksamkeit erzeugen und überzeugen. Anekdoten, Parabeln, Erfahrungsgeschichten – von der Kunst, Informationen spannender zu vermitteln. Online unter https://www.joerg-loehr.com/wissen/kommunikation/mit-storytelling-aufmerksamkeit-erzeugen-und-ueberzeugen [Abruf 02.07.2018].

Lotter, Wolf (2014): Die Bemühung. Werbung war mal der Partner guter Ideen und echter Angebote. Doch die Beziehung ist gestört. Wie kommt sie wieder in Fahrt? In: brand eins Wirtschaftsmagazin. Die Kunst der Verführung. Schwerpunkt: Werbung. Ausg. 02/2014. S. 36-43.

Lucius-Hoene, Gabriele/Deppermann, Arnulf (2004): Rekonstruktion narrativer Identität. Ein Arbeitsbuch zur Analyse narrativer Interviews. Wiesbaden: Springer VS.

Lünenborg, Margreth (2005): Journalismus als kultureller Prozess. Zur Bedeutung von Journalismus in der Mediengesellschaft. Ein Entwurf. Wiesbaden: Springer VS.

Manager Magazin o.V. (2017): Nie wieder "Leistung aus Leidenschaft". Deutschbanker erzählen ihre Geschichten. 08.05.2017. Online unter
http://www.manager-magazin.de/unternehmen/banken/deutsche-bank-slogan-leistung-
aus-leidenschaft-wird-ersetzt-a-1146706.html [Abruf 02.07.2018].

Mangold, Marc (2002). Markenmanagement durch Storytelling. In: Meyer, Paul W./ Meyer,
Anton (Hrsg.): Arbeitspapiere zur Schriftenreihe Schwerpunkt Marketing. Bd. 126,
München: Fördergesellschaft Marketing.

Martínez, Matías (2017): Erzählen: Ein interdisziplinäres Handbuch. Stuttgart: J.B. Metzler.

Mashup Communications (2017): Stein auf Stein: LEGOs Heldenreise zum Storytelling-
Olymp. 16.05.2017. Online unter
https://www.mashup-communications.de/2017/05/lego-storytelling/ [Abruf
12.09.2018].

Maxwell, Richard/Dickman, Robert (2007): The Elements of Persuasion: Use Storytelling to
Pitch Better, Sell Faster & Win More Business. New York: HarperBusiness.

Mayfield, Ross (2006): Power Law of Participation in Ross Mayfield's Weblog. 27.04.2006.
Online unter
http://ross.typepad.com/blog/2006/04/power_law_of_pa.html [Abruf 10.09.2018].

Meffert, Heribert et. al. (2002): Stellenwert und Gegenstand des Markenmanagement. In:
Meffert, Heribert et. al. (Hrsg.): Markenmanagement – Grundfragen einer identitätsorientierten Markenführung, S. 3-15. Wiesbaden: Gabler.

Meffert, Heribert et. al. (Hrsg.) (2002): Markenmanagement – Grundfragen einer identitätsorientierten Markenführung. Wiesbaden: Gabler.

Meffert, Heribert/ Burmann, Christoph (2002a): Wandel in der Markenführung. In: Meffert,
Heribert et. al. (Hrsg.): Markenmanagement – Grundfragen einer identitätsorientierten
Markenführung, S. 17-34. Wiesbaden: Gabler.

Meffert, Heribert/Burmann, Christoph (2002b): Theoretisches Grundkonzept der identitätsorientierten Markenführung. In: Meffert, Heribert et. al. (Hrsg.): Markenmanagement
– Grundfragen einer identitätsorientierten Markenführung, S. 35-72. Wiesbaden: Gabler.

Meffert, Heribert/Burmann, Christoph (2002c): Managementkonzept der identitätsorientierten
Markenführung. In: Meffert, Heribert et. al. (Hrsg.): Markenmanagement – Grundfragen einer identitätsorientierten Markenführung, S. 73-98. Wiesbaden: Gabler.

Meffert, Heribert/Burmann, Christoph (Hrsg.) (2005): Markenmanagement: Identitätsorientierte Markenführung und praktische Umsetzung. Wiesbaden: Gabler.

Meier, Christian (2014): Spur der Steine. Wieso Lego einen so großen PR-Erfolg hat. Wirt-
schaftswoche-Online, 08.04.2014. Online unter
https://www.wiwo.de/unternehmen/handel/spur-der-steine-mehr-medienkonzern-als-
spielzeughersteller/9730398-2.html [Abruf 22.09.2018].

Michelis, Daniel (2014): Der vernetze Konsument. Grundlagen des Marketings im Zeitalter partizipativer Unternehmensführung. Wiesbaden: Springer Gabler.

Muniz, Albert M./O´Guinn, Thomas C. (2001): Brand Community. In: Journal of Consumer Research, Vol. 27, No. 4, S. 412-432. American Association for Public Opinion Research, University of Chicago Press.

Münkler, Herfried (2010): Mythischer Zauber. In: Frankfurter Allgemeine Zeitung, 09.08.2010. Nr. 183.

Myers, Susan D. et. al. (2014): Programm-ad congruence. Integrating advertising and entertainment. In: Journal of Advertising, Bd. 33, Nr. 1/2014, S. 61-90. London: Routledge.

Netto (2016): Spot „Netto-Katzen". Online unter https://www.youtube.com/watch?v=iNtYHswzFzM [Abruf 01.07.2018].

Neumann, Michael (2000): Erzählte Identitäten. München: Fink.

Nickel, Oliver (1998): Eventmarketing: Grundlagen und Erfolgsbeispiele, S. 25-38. München: Vahlen.

Nivea (2018): Muttertags-Spot „Mama du bist immer für mich da". Online unter https://www.youtube.com/watch?v=UUKs80d4ip8 [Abruf 01.07.2018].

Nyilasy, Greg (2006): Word of Mouth: What We Really Know - And What We Don't. In: Kirby, Justin/ Marsden, Paul (Hrsg.): Connected marketing: the viral, buzz and word of mouth revolution. S. 161-184. Oxford: Butterworth-Heinemann.

Opaschowski, Horst W. (1993): Freizeitökonomie: Marketing von Erlebniswelten. Opladen: Springer VS.

Opaschowski, Horst W. (1998): Vom Versorgungs- zum Erlebniskonsum: Die Folgen des Wertewandels. In: Nickel, Oliver (Hrsg.): Eventmarketing: Grundlagen und Erfolgsbeispiele, S. 25-38. München: Vahlen.

Opolka, Laura (2016): Zwischen Freiheit und Macht – Markenbeziehungen im Kulturkapitalismus. In: Journal für korporative Kommunikation. Ausg. 3/2016, 27.11.2016. Online unter http://journal-kk.de/laura-opolka-zwischen-freiheit-und-macht-markenbeziehungen-im-kulturkapitalismus-2/ [Abruf 02.07.2018].

Polletta, Francesca (2009): It Was Like a Fever: Storytelling in Protest and Politics. Chicago: The University of Chicago Press.

Prahalad, C. K./Ramaswamy, Venkat (2004): Co-Creation Experiences: The next practice in value creation. Journal of Interactive Marketing, No. 18 (3): p. 5-14.

Pyczak, Thomas (2017): 12 Archetypen, die Sie kennen sollten. 18.10.2017. Online unter https://www.strategisches-storytelling.de/12-archetypen/ [Abruf 02.07.2018].

Pyczak, Thomas (2018): Elon Musk als Storyteller. 02.02.2018. Online unter
https://www.strategisches-storytelling.de/elon-musk-als-storyteller/ [Abruf
18.07.2018].

Ramaswamy, Venkat/Ozcan, Kerimcan (2014): The Co-Creation Paradigm. Stanford: Stanford University Press.

Rasch, Susanna (2016): Die Macht der Marke: Zwischen Konsument und Prosument. In:
Journal für korporative Kommunikation. Ausg. 1/2016. Online unter http://journal-kk.de/susanna-rasch-die-macht-der-marke-zwischen-konsument-und-prosument-2/
[Abruf 03.07.2018].

Renz, Gabriele (2009): Salamander. Lurchi im Wandel der Zeit. FrankfurterRundschau-Online, 13.01.2009. Online unter
http://www.fr.de/wirtschaft/salamander-lurchi-im-wandel-der-zeit-a-1133686 [Abruf
14.07.2018].

republica o.V. (2012): Transmedia Storytelling: "Missing in Action?".
Online unter
http://12.re-publica.de/panel/transmedia-storytelling-missing-in-action/index.html
[Abruf 09.08.2018].

Rinne, Solveik/Rennhak, Carsten (2006): Information Overload – warum wir in der Kommunikation neue Wege gehen müssen. Working Paper. Munich Business School. Online
unter
https://www.munich-business-school.de/fileadmin/mbs_daten/dateien/working_papers/mbs-wp-2006-05.pdf [Abruf
02.07.2018].

Röbcke-Gronau, Christian (2015): Pressemeldung. GfK-Studie: Storytelling im   B2B-Geschäft vernachlässigt. Hamburg: K 16 GmbH.

Rush, Brianne C. (2014): Science of storytelling: why and how to use it in your marketing A
look at how humans have always loved stories, and six tips for incorporating them into
your digital marketing. The Guardian, 24.08.2014. Online unter
www.theguardian.com/media-network/media-network-blog/2014/ aug/28/science-storytelling-digital-marketing [Abruf 02.08.2018].

Salmon, Christian (2007): „Storytelling". La machine à fabriquer des histoires et à formater
les esprits. Éditions La Découverte, Paris: La Découverte.

Salmon, Christian (2014): Eine neue Erzähl(an)ordnung? In: Krauss, Charlotte et. al. (Hrsg.):
„Storytelling" in der Romania: Die narrative Produktion von Identität nach dem Ende
der großen Erzählungen, S. 19-44. Münster: LIT.

Sammer, Petra (2014): Storytelling – Die Zukunft von PR und Marketing. Köln: O'Reilly.

Sammer, Petra (2017): Von Hollywood lernen? Erfolgskonzepte des Corporate Storytelling.
In: Schach, Annika (Hrsg.): Storytelling: Geschichten in Text, Bild und Film, S. 13-32. Wiesbaden: Springer Fachmedien.

Sammer, Petra (2017a): Storytelling: Strategien und Best Practices für PR und Marketing. 2. Aufl. Heidelberg: O'Reilly.

Schach, Annika (2016). Storytelling und Narration in den Public Relations. Eine textlinguistische Analyse der Unternehmensgeschichte. Berlin: Springer VS.

Schach, Annika (2016): Storytelling in der PR-Praxis. In: Schach, Annika (Hrsg.): Storytelling und Narration in den Public Relations. Eine textlinguistische Analyse der Unternehmensgeschichte, S. 11-41. Wiesbaden: Springer Fachmedien.

Schach, Annika (2017): Von der Gründerstory bis zum Ergebnisprotokoll: textlinguistische Analsye der Unternehmensgeschichte. In: Schach, Annika (Hrsg.): Storytelling: Geschichten in Text, Bild und Film, S. 61-80. Wiesbaden: Springer Fachmedien.

Schach, Annika (Hrsg.) (2017): Storytelling: Geschichten in Text, Bild und Film. Wiesbaden: Springer Fachmedien.

Scharf, Andreas et. al. (2015): Marketing. Einführung in Theorie und Praxis. 6. akt. und erw. Aufl. Stuttgart: Schäffer-Poeschel.

Schmidt, Jan-Hinrik (2013): Social Media. Wiesbaden: Springer VS.

Seebohn, Joachim (2005): Gabler Kompakt-Lexikon Werbepraxis: 1.400 Begriffe nachschlagen, verstehen, anwenden. 3. Aufl. Wiesbaden: Gabler.

Siefer, Werner (2015): Der Erzählinstinkt. Warum das Gehirn in Geschichten denkt. München: Carl Hanser.

Simanjuntak, Mariana et. al. (2016): Storytelling and Brand Attitude: The Role of Consumers' Level of Involvement and available Time. In: Advanced Science Letters, Bd. 22/2016, Nr. 12, S. 4448-4451, Valencia California: American Scientific Publishers.

Simon, Fritz B. (2004): Gemeinsam sind wir blöd?! Die Intelligenz von Unternehmen, Managern und Märkten. Heidelberg: Carl-Auer.

Sinek, Simon (2009): Start with why: how great leaders inspire everyone to take action. London: Penguin LCC US.

Sinek, Simon (2009a): TED-Talk. Simon Sinek: Wie große Führungspersönlichkeiten zum Handeln inspirieren. Online unter https://www.ted.com/talks/simon_sinek_how_great_leaders_inspire_action?language= de [Abruf 09.07.2018].

Slavik, Angelika/Steinitz, David (2015): Heul doch! Wie Werbeagenturen mit Emotionen spielen. Süddeutsche Zeitung-Online, 05.12.2015. Online unter https://www.sueddeutsche.de/wirtschaft/edeka-spot-heul-doch-wie-werbeagenturen-mit-emotionen-spielen-1.2767649 [Abruf 02.09.2018].

Sowinski, Bernhard (1998): Werbung. Grundlagen der Medienkommunikation. Tübingen: Niemeyer.

Spath, Christian/Foerg, Bernhard G. (2006): Storytelling & Marketing. Wien: Echomedia.

Spotts, Harlan E./Meadow, H. Lee (Hrsg.): Proceedings of the 2000 Academy of Marketing Science (AMS) Annual Conference. Heidelberg et. al.: Springer.

Stegbauer, Christian (2018): Shitstorms: Der Zusammenprall digitaler Kulturen. Wiesbaden Springer Fachmedien.

Szyszka, Peter (2008): Lexikoneintrag Public Storytelling. In: Bentele Günter et. al. (Hrsg.): Handbuch der Public Relations. Wissenschaftliche Grundlagen und berufliches Handeln, S. 620-621.Wiesbaden: Springer VS.

Tesla/Musk, Elon (2016): Produkteinführung „Tesla Unveils Model 3". Video, 31.03.2016. Online unter https://www.youtube.com/watch?time_continue=1&v=Q4VGQPk2Dl8 [Abruf 02.07.2018].

The Boston Consulting Group o.V. (o.J.): BCG Heritage - Our History of Shaping the Future. Online unter https://www.bcg.com/de-de/about/heritage/default.aspx [Abruf 28.08.2018].

Theobald, Elke (2011): Die Herausforderung Internet für Markenführung und Markenkommunikation. In: Theobald, Elke/Haisch, Philip T. (Hrsg.): Brand Evolution. Moderne Markenführung im digitalen Zeitalter, S. 95-109. Wiesbaden: Springer Gabler.

Theobald, Elke/Haisch, Philip T. (Hrsg.) (2011): Brand Evolution. Moderne Markenführung im digitalen Zeitalter. Wiesbaden: Springer Gabler.

Thewißen, Christian et. al. (2015): Marketing: Prozess- und praxisorientierte Grundlagen. 4. akt. Aufl. Berlin/Boston: Walter de Gruyter.

Thier, Karin (2005): Storytelling – eine Methode für das Change-, Marken-, Projekt- und Wissensmanagement. 3. überarb. Aufl. Berlin/Heidelberg: Springer.

Toffler, Alvin (1983): Die dritte Welle, Zukunftschance. Perspektiven für die Gesellschaft des 21. Jahrhunderts. (Übers., The third wave 1980), München: Goldmann.

Tropp, Jörg (2014): Moderne Marketing Kommunikation. System – Prozess – Management. Lehrbuch. 2. Aufl. Wiesbaden: Springer VS.

TyssenKrupp (2000): Image-Spot „Zukunft". Online unter https://www.youtube.com/watch?v=y3osG64hCaI [Abruf 28.08.2018].

Unckrich, Bärbel (2011): Exklusiv: Im neuen Hornbach-Spot geht´s um die Nuss. Horizont-Online, 04.08.2011. Online unter https://www.horizont.net/agenturen/nachrichten/-Exklusiv-Im-neuen-Hornbach-Spot-gehts-um-die-Nuss-101672 [Abruf 08.09.2018].

Volvo Trucks (2016): Spot „Look Who´s driving feat. 4-year-old Sophie". Online unter https://www.youtube.com/watch?v=7kx67NnuSd0 [Abruf 01.09.2018].

Von Lowenfeld, Fabian (2006): Brand Communities. Erfolgsfaktoren und ökonomische Relevanz von Markeneigenschaften. Wiesbaden: Deutscher Universitätsverlag.

VZBV (2017): Ergebnisse Verbraucherreport 2017 – VZBV. Kantar Emnid 2017. Online unter
https://www.vzbv.de/sites/default/files/downloads/2017/07/05/ergebnisse_verbraucher
report_2017.pdf [Abruf 01.07.2018].

Walser, Philipp (2007): Ablaufoptimierung in interaktiven Storytelling-Systemen. 22.01.2007. Technische Hochschule in Mittelhessen. Zentrum für Graphische Datenverarbeitung, e.V., Darmstadt. Online unter
http://digdok.bib.thm.de/volltexte/2007/3674/ [Abruf 01.09.2018].

Wehrli, Hans P./Wirtz, Bernd W. (1999): Relationship Marketing: Auf welchem Niveau bewegt sich Europa? In: Absatzwirtschaft Sondernummer 10/1996, S. 24-30.

Weiss, Silvia (2010): Werbung im Web. Der Stellenwert der klassischen Online-Werbung in der Werbekommunikation. München.

Wenzel, Peter (2004): Zu den übergreifenden Modellen des Erzähltextes. In: Wenzel, Peter (Hrsg.): Einführung in die Erzähltextanalyse. Kategorien, Modelle, Probleme (WVT Handbücher zum literaturwissenschaftlichen Studium), S. 5-22, Trier: WVT.

Wenzel, Peter (Hrsg.) (2004): Einführung in die Erzähltextanalyse. Kategorien, Modelle, Probleme (WVT Handbücher zum literaturwissenschaftlichen Studium). Trier: WVT.

Werben & Verkaufen o.V. (2015): So erklärt ein früherer Red-Bull-Manager Brand Storytelling. W&V-Online, 26.02.2015. Online unter
https://www.wuv.de/marketing/so_erklaert_ein_frueherer_red_bull_manager_brand_st
orytelling [Abruf 01.07.2018].

Winkler & Nocke (2011): Banksy's ironic attacks on consumer culture. 12.12.2011. Online unter http://www.beyondberlin.com/blog/banksys-ironic-attacks-on-consumer-culture [Abruf 01.07.2018].

Wirth, Werner et. al. (Hrsg.) (2006): Unterhaltung durch Medien. Theorie und Messung. Köln: Herbert von Halem.

Wirth, Werner/Kühne, Rinaldo (2013): Grundlagen der Persuasionsforschung. In: Handbuch Medienwirkungsforschung, S. 313-332, 19.02.2013. Online unter
https://doi.org/10.1007/978-3-531-18967-3_16 [Abruf 13.06.2018].

Zerfaß Ansgar/Piwinger, Manfred (Hrsg.) (2014): Handbuch Unternehmenskommunikation. Strategie, Management, Wertschöpfung. 2. Aufl. Wiesbaden: Springer.

Zhao, Guangzhi et. al. (2014): Remembering the good old days: The moderating role of consumer affective state on the effectiveness of nostalgic advertising. In: Journal of Advertising, Bd. 43, Nr. 3/2014, S. 244-255. London: Routledge.

Zheng, Lu (2014): Narrative transportation in radio advertising: A study of the effects of dispositional traits on mental transportation. In: McLennan, Anne F. (Hrsg.): Journal of Radio & Audio Media, Bd. 21, Nr. 1/2014, S. 36-50. London: Routledge.